디케의 눈

디케의 눈

금태섭 변호사의
법으로 세상읽기

당연히 너에게

지은이의 말

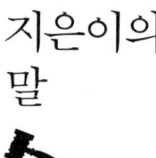

법은 현실이다.

음주운전을 하다가 사고를 내서 1심에서 징역 1년을 선고받고는 항소심 법정에서 재판장에게 제발 한 달이라도 징역을 줄여달라고 하소연하는 회사원에게, 난생처음 부동산 임대차 계약서라는 종이에 도장을 찍으면서 집주인에게 전세 보증금을 건네는 신혼의 가장에게 법은 냉정하면서도 구체적인 현실이다.

법은, 또한 흥미진진하다.

영화 〈깊은 밤 깊은 곳에(The Other Side of Midnight)〉에는 그리스의 선박 왕 콘스탄틴의 아내인 주인공 노엘 페이지가 정부(情夫)와 함께 실제로 저지르지도 않은 살인 혐의를 받고 법정에 서는 장면이 나온다. 콘스탄틴은 거액의 수임료를 지급하고 당대 최고의 변호사를 노엘에게 보낸다. 그녀를 만난 변호사는 살인 혐의를 인정하라고 설득한다. 재판을 신속하게 마치고 나면 콘스탄틴이 영향력을 행사해서 빼내준다는 것이다. 물론 애인과는 헤어져야 한다는 조건이 따른다. 남편이 아직도 자신을 사랑한다고 믿은 노엘은 변호사가 충고한 대로 법정에서 살인을 저질렀다고 자백한다. 순간 법정은 충격에 빠지고 놀란 판사는 이렇게 말한다.

"그리스의 증거법에 따르면 피해자의 시체가 발견되지 않은 살인 사건에서는 사형을 선고하지 않습니다. 하지만 피고인이 범행을 자백했기 때문에 법원으로서는 피고인에게 사형을 선고하지 않을 수 없습니다."

노엘은 질투에 불타는 남편의 함정에 빠진 것이다. 법을 이용한 교묘한 함정에. 법은 이렇게 흥미진진한 이야기의 소재가 될 수 있다.

그러나 우리 주변의 법은 비현실적이고 무미건조하다. 희망에 부풀어 민법총칙 교과서를 펼쳤다가 처음 들어보는 행위능력이니 법률행위니 하는 단어에 좌절하는 법과대학 1학년생에게나, 공판중심주의와 배심재판 등 언론에 등장하는 법률 용어에 궁금증이 생겨서 인터넷을 뒤지는 직장인에게나 법은 도무지 생동감이 느껴지지 않고 어렵기만 한 것이다.

왜 이런 걸까? 어떤 분야보다도 현실과 밀접한 관련이 있고 수없이 많은 소설이나 영화의 소재가 되는 법이 왜 이다지도 어려워야 하는 걸까? 무엇보다도 법률 분야에서 쓰이는 말이 어려운 데에 그 원인이 있다고 생각한다. 실생활에 쓰이지 않는 단어들을 사용할 뿐더러 법적인 원리 자체를 잘 알지 않으면 이해하기 힘든 설명을 하는 것이다. 예를 하나 들어보자.

어쩌다 잘못을 저질러 재판을 받게 된, 법에 문외한인 사람이 판사로 일하는 절친한 친구에게 "죄를 부인하면 무거운 형을 받니?"라고 물었다고 생각해보자. 이 순간 판사는 머릿속에 진술거부권(묵비권)에 관한 교과서의 설명을 떠올리면서 이렇게 대답한다. "부인한다고 해서 무거운 형을 선고받는 것은 아니야. 헌법상 누구에게나 진술거부권이 보장되어 있기 때문이지. 죄를 인정하느냐고 묻는 질문에 아니라고 하거나 아예 대답을 안 하더라도 불이익을 받지는 않아."

아하, 재판받을 때 죄를 인정하지 않아도 되는구나. 어떤 대답을 해도 괜찮겠구나라고 생각하는 순간, 판사 친구는 한마디를 덧붙인다. "물론 자백하면 형이 가벼워지지. 뉘우치고 있다는 뜻이니까." 이 순간 우리의 주인공은 다시 혼란에 빠진다. 아니, 혐의를 인정하겠느냐고 묻는 질문에는 자백을 하거나 부인을 하거나 둘 중 하나를 택하는 것 아닌가? 그런데 자백하면 가볍게 처벌받는다는 말은 결국 부인하면 무거운 형을 선고받는다는 말이나 마찬가지 아닌가? 그런데 어떻게 부인해도 아무런 불이익을 받지 않는다는 말이지?

　형사소송법을 체계적으로 배운 사람이라면 판사의 설명에 고개를 끄덕일 수 있다. 진술거부권을 행사하거나 범행을 부인하는 것은 피고인의 권리이기 때문에 아무런 불이익이 없다는 것과, 피고인의 자백은 죄를 뉘우친다는 뜻이기 때문에 정상에 참작하는 것은 별개의 문제이기 때문이다.

　하지만 법률 이론을 떠나서 실제 문제를 따질 때는 이런 설명이 전혀 도움이 되지 않는다. 차라리 부인하면 무겁게 처벌받고 자백하면 가벼운 처벌을 받는다고 설명해주는 것이 훨씬 쉽고 이해가 빠르다. 도대체 법학을 전공하거나 사법시험을 준비하지 않는 이상 누가 법률 이론에 관심이 있겠는가. 그러나 우리 사회의 법률가들은 이런 명백한 사실을 짐짓 외면한 채 물어본 사람 힘만 빠지게 하는 우답(愚答)을 들이대기 일쑤다. 비단 질문에 대한 대답만 그런 것이 아니라 법에 관심을 갖고 도서관이나 서점을 찾은 사람들이 만날 수 있는 책도 두꺼운 법학 교과서나 혼자서도 소송을 할 수 있도록 도와준다는 실용서 외에 별다른 것이 없다.

　이 책은 이런 상황을 조금이라도 바꿔보기 위해 쓴 것이다. 이 책을 처음 기획하게 된 것은 우연한 기회에 EBS 〈지식 프라임〉이라는 프로그램의 제작진으로부터 법률 분야를 맡아 짧은 강의를 해달라는 요청을 받으면서이다. 어떤 내용으로 구성할지 고민하다가 누구나 흥미를 느낄 수 있는 사건이나 에피소드를 소개하고 그 배경이 되는 법적인 논리를 생각해볼 기회를 제공하는 것이 가장 좋겠다는 결론을 내렸다. 타임머신 얘기를 통해서 상대성 원리에 흥미를 느끼고, 영화 〈쥬라기 공원〉을 보면서 DNA와 친숙해지는 것처럼 재미있는 사건과 그 처리 결과를 보면 자칫 딱딱하고 차갑게 여길 수 있는 법을 좀 더 가깝게 느낄 수 있을 것 같았다.

이런 가정의 실험대상(?)은 〈지식 프라임〉 프로그램 녹화 작업을 담당하던 스태프들이었다. 범죄를 저지른 사람을 왜 처벌해야 하는가, 얼마나 무겁게 처벌해야 하는가라는 무겁고 철학적인 주제를, LA에서 상점을 운영하면서 손님으로 온 흑인 소녀를 강도로 잘못 알고 쏘아 죽인 두순자 씨 사건을 통해 설명했을 때나, 기업에 천문학적 손해배상을 명령할 수 있는 징벌적 배상 이론을 맥도날드에서 산 커피를 실수로 쏟아 화상을 입은 할머니가 24억 원의 손해배상 판결을 받은 일로 풀어보았을 때, 카메라를 담당하던 분들까지 결론을 궁금해하는 걸 느낄 수 있었다. 이 책은 그때 스튜디오에 있던 사람들이 느꼈던 흥미를 좀 더 많은 사람들과 나누기 위한 작업의 결과물이다. 물론 짧은 방송시간 때문에 아쉽게 빼놓아야 했던 구체적인 사건내용과 배경설명도 책에는 모두 포함되었고 훨씬 더 다양한 소재를 다루었기 때문에 책의 내용은 방송과는 많이 달라졌다.

이 책의 제목은 '디케의 눈'이다. 한 손에는 저울을, 다른 한 손에는 칼을 든 법의 여신 디케(Dike)는 두건으로 두 눈을 가리고 있다. 디케가 들고 있는 저울과 칼은 오랫동안 법의 상징으로 자리잡아왔다. 하지만 두건으로 가려진 눈은 큰 주목을 받지 못했다. 그저 부당한 압력이나 이해관계에 눈 돌리지 않고 공정하게 법을 집행한다는 의미라고 얘기될 따름이다. 그러나 디케가 눈을 가린 이유가 그렇게 단순한 것일까. 법이 실제로 적용되는 현장에서 보면 그보다는 오히려 법을 통해서 진실을 찾는다는 것이 얼마나 힘든 일인가를 상징적으로 보여준다고 생각한다. 사건에 관련된 사람들, 혹은 간접적으로 전해들은 제삼자들은 각자 나름대로 진실을 안다고 생각한다. 그러나 진실을 찾는 것은 맨손으로 물을 움켜쥐려는 것처럼 어렵고 때로는 불가능하기까지 하다. 디케가 눈을 가리고 있는 것은 진실을 찾기 위해서 최선을 다한다고 하더라도 때로는 틀릴 수 있다는 것, 그렇기 때문에 법은 깨지기 쉬운 유리처럼 위험하고 조심스럽게 다루어야 할 어떤 것이라는 의미가 아닐까.

디케는 과연 무슨 이유로 눈을 가리고 있을까. 그리고 두건 뒤에 숨어 있는 눈은 어떤 모습을 하고 있을까. 파사현정(破邪顯正)의 사명감에 불타는 날카롭고 광채를 띤 눈일까. 각자에게 정당한 몫을 나누어주기 위해서 저울 눈금을 주시하는 냉정하고 빈틈없는 눈일까. 혹은 약자를 위해서 눈물을 흘리는, 연민이 가득한 눈일까. 그보다는 오히려 찾기 어려운 진실 앞에서 끝없이 같은 질문을 되묻고 다시 생각해보는 고뇌에 찬 눈이 아닐까. 이 책은 법을 다루면서 때때로 디케의 숨겨진 눈을 떠올리던 나의 모습을 담은 것이기도 하다.

본문에서 다루는 사건이나 재판의 바탕을 이루는 논리를 나름대로 설명하기는 했지만, 사실 책을 통해서 법에 대한 설명을 할 만한 실력이나 자격이 있는지는 스스로 생각하기에도 부끄러울 따름이다. 그럼에도 이 책을 세상에 내놓는 것은 법률가로 일하면서 하루도 빠짐없이 느꼈던 흥미와 항상 새롭게 다가왔던 법의 다채로운 모습을 다른 사람들과 나누고 싶었기 때문이다. 법은 깨알 같은 글씨가 적힌 법전 속에서 잠자고 있지도 않고 지루하고 이해하기 어려운 학자들의 논문에서만 찾아볼 수 있는 것도 아니다. 나에게 법은, 매일 새로운 세계를 보여주지 않으면 떠나버리겠다고 협박하는 변덕스럽지만 아름다운 여인처럼 변화무쌍하고 재미있고 늘 함께하고 싶은 어떤 것이다. 나는 법을 공부하면서 성장했고 법을 통해서 세상을 조금씩 이해하게 되었다. 이제 즐거운 마음으로 내가 사랑하는 법 이야기를 세상에 소개하고자 한다.

2008년 봄
금태섭

◆ 지은이의 말 ··· 7

1장 디케의 눈 ··· 17
라쇼몽 ··· 19
어느 소년의 죽음 ··· 37
국선변호의 추억 ··· 57
유전자 감식과 오판 ··· 71
세일럼의 마녀 재판 ··· 83

2장 정의(正義)의 정의(定義) ··· 95
LA폭동과 두순자 사건 ··· 97
패리스 힐튼의 교통사고 ··· 111
연쇄성폭행범과 미란다 경고 ··· 123

차례

경찰차 뒷좌석에서 생긴 일 ··· 137
곤장의 효과 ··· 151
커피를 쏟고 24억 원을 번 할머니 ··· 165

3장 리걸 마인드 – 법으로 세상 읽기 ··· 175

가정의례에 관한 법률과 보신탕 ··· 177
사이버 포르노의 시대 ··· 185
"당선되면 무보수로 일하겠습니다." ··· 199
대법원의 구조 ··· 209
원숭이 재판 – 진화론과 창조론을 둘러싼 법적인 논쟁(1) ··· 219
원숭이 재판 – 진화론과 창조론을 둘러싼 법적인 논쟁(2) ··· 235
흠흠신서(欽欽新書)와 범죄형 인간 ··· 255

◆ 에필로그 ··· 263

1

디케의 눈

라쇼몽

....
"진리는 늘 한 우물 안에만 있는 것은 아니지. 사실 중요한 지식을 보더라도, 그건 언제나 피상적이라고 믿고 있네. 심원한 것은 진리가 있는 산 정상이 아닌 진리를 찾는 과정에 놓여 있지. 이런 종류의 실수는 천체 관측에서 전형적으로 드러나네. 망막 중심보다 약한 빛에 더 민감한 망막 가장자리를 별로 향하게 하여 곁눈으로 별을 보는 것이 별을 분명히 보고 그 빛을 알아볼 수 있는 최선의 방법이네. 빛은 그것을 똑바로 쳐다보는 것에 비례해 희미하게 보이는 것이니까. 똑바로 쳐다보면 눈에 들어오는 빛의 양은 매우 많지만 곁눈질을 해서 보면 더 민감해질 수 있지. 지나친 통찰력은 우리를 혼란시키고 사고력을 약화시키지. 금성도 지나치게 오랫동안, 지나치게 집중해서, 지나치게 똑바로 지켜보면 사라지는 법이네."
— 『모르그 가의 살인』, 에드거 앨런 포

수사나 재판의 목적은 진실을 알기 위한 것이라고들 한다. 흔히 형사소송법의 이상(理想)이 '실체적 진실의 발견'이라고 하는 것도 사건의 진상이 무엇인지 밝힐 수 있는 제도를 만들어야 한다는 뜻이다. 그러나 과거에 일어난 일을 정확하게 안다는 것이 정말 가능할까. 검찰이 언론에 수사결과를 발표할 때나 판사가 판결문을 내놓을 때는 나름대로 최선을 다해서 밝혀낸 진실을 말하는 것이겠지만 과연 자신할 수 있을까. 복잡하게 이해관계가 얽힌 사건에는 거의 언제나 '은폐'나 '축소'라는 의심의 그림자가 따른다. 하지만 사심 없이 선의를 가지고 수사나 재판을 한다고 해서 오판의 가능성이 없다고 할 수 있을까. 직접 사건을 목격하거나 겪은 사람이라고 해서 실제로 일어났던 일을 정확하게 안다고 말할 수 있을까. 진실에 대해서는 항상 겸허한 마음을 가지고 틀릴 수도 있다는 생각을 해야 하지 않을까.

구로사와 아키라 감독이 만든 〈라쇼몽〉은 하나의 진실을 놓고 화자의 입장에 따라 전혀 다른 이야기가 펼쳐지는 내용의 영화다. 다케히로라는 사무라이가 아내 마사코와 함께 숲길을 가다가 산적 다조마루를 만난다. 마사코를 보고 욕정을 느낀 다조마루는 속임수를 써서 다케히로를 밧줄로 묶고 마사코를 겁탈한다. 그 후 마사코의 행방은 묘연해지고 다케히로는 칼로 가슴을 찔린 채 발견된다. 다조마루가 체포되어 끌려오고 마사코도 나타나서 관청에서 신문이 이루어진다. 여기서 다조마루, 마사코 그리고 무당의 힘을 빌어 강신한 다케히로가 각각 일어났던 사건의 진상(!)을 얘기하는데 그 내용이 서로 완전히 다르다.

다조마루는 속임수를 써서 다케히로를 묶은 사실과 마사코를 강간한 사실은 인정하지만, 그 후 다케히로와 정당한 결투 끝에 그를 죽이게 된 것이라고 말한다. 마사코의 말은 다르다. 겁탈당한 후에 남편이 싸늘한 눈초리로 쳐다보면서 마치 자신의 잘못으로 강간을 당한 것처럼 여기는 데 화가 나서 정신이 나간 상태에서 자기가 남편을 죽였다고 고백한다. 강신한 다케히로는 또 다른 주장을 한다. 아내 마사코가 자신을 배신했는데 산적 다조마루는 오히려 자신을 도와주었다는 것이다. 그리고 자기는 스스로 자결한 것이라고 한다. 세 사람의 엇갈린 진술 때문에 관객은 혼동을 느끼고 진실을 알 수 없다는 데서 오는 좌절감을 경험한다. 과연 누구의 말이 맞단 말인가.

그런 상황에서 목격자인 나무꾼이 등장해서 이 사건의 진상(!)을 털어놓는다. 그의 말에 따르면 마사코가 싸우기 싫어하는 두 사람을 부추겨서 결투를 벌이게 한 다음 도망쳤고, 남은 두 남자는 비겁하고 용렬하기 그지없는 싸움을 했다는 것이다. 관객은 비로소 진실을 알게 되고 어떤 의미에서는 마음을 놓게 된다.

그렇지만 과연 나무꾼의 말은 객관적인 진실일까. 때로는 어떤 사건의 진실을 안다는 것이 불가능한 경우가 있다. 물론 직접 겪은 사람들은 알고 있겠지만, 제삼자로서는 서로 다른 말을 들을 수 있을 뿐 과연 진실이 무엇인지 알 수 없다. 그런 경우에, 과연 객관적인 진실이라는 것이 있다고 할 수 있을까?

여기에 쓰는 이야기는 실제 있었던, 진실과 허위가 부딪힌 사건에 관한 것이다. 나는 이 사건의 진상을 알고 있다고 확신한다. 나와 같이 대학을 다녔던 두 친구가 연루된 사건으로 평범하게 살던 그들이 인생에서 아마도 가장 용감하게 나섰던 때였고 가장 빛나는 순간의 하나가 될 수도 있었을 일인데, 결국 내 친구들은 아무런 잘못도 없이 비참하게 당하고 말았다. 사건을 처리한 경찰관, 검사 등 누구에게도 부당한 선입견이 없었고, 그들은 오히려 내 친구들을 도와주려고 했다. 하지만 결국은 진실이 허위에 무릎을 꿇고 말았다. 검사가 되기 전에 이 사건을 겪으면서 나는 몇 사람의 말을 듣고 진실을 알게 되었다고 생각하는 것이 얼마나 위험한 생각인지 깨달았다.

이 사건은 1993년 크리스마스를 전후한 시기에 벌어졌고 프라이버시 보호를 위해 가명을 썼을 뿐 내가 듣고 본 이야기에 더하거나 뺀 것이 전혀 없다.

1993년 연말의 어느 날, 나와 친한 대학 동기 10여 명은 봉천동에 있는 허름한 카페에서 망년회를 하고 있었다. 사법연수원에 다니는 친구, 방송국에 다니는 친구, 고시생, 고시생을 자처하면서 놀고 지내는 백수 등 직업도 다양한데다 연말이라 길도 막히는지라 한 번에 다 모이지 못하고 한 명씩 한 명씩 오는 대로 합류하는 그런 모임이었다. 그때만 해도 나는 친구들과 술을 마시면 보통 마지막까지 남아서 끝장을 보고 가는 부류였는데, 이날은 일찍 도착해서 빨리 술을 마셨는지 아니면 컨디션이 안 좋았는지 중간에 취해서 집에 갔다. 평생에 술 취한 일을 놓고 나중에 정말 운이 좋았다고 생각한 때는 이때밖에 없다. 나와 또 다른 운 좋은 친구 한 명이 친구들의 야유 속에 먼저 집으로 갔다.

우리가 도망간 후 대학 동기들은 만만찮게 취했음에도 한 명이 자취하는 집에 가서 한 잔 더 하기로 했다고 한다. 그런데 그 중 두 명이 일행들로부터 떨어져서 길을 잃게 됐다. 그들이 이 사건의 주인공이다. 그 중 한 명인 김진영은 당시 사법연수생으로 농담을 즐기고 유쾌한 성격을 가진 모범생이었다. 붙임성이 있어서 처음 보는 사람들하고도 잘 어울리고 평소에 싸움이라고는 해본 적이 없었다. 그와 함께 길을 잃은 이주형이라는 친구는 겉모습만 보면 김진영과 대조적이라고 할 수 있다. 체격도 좋고 운동신경도 뛰어나서 못하는 운동이 없는 친구였다. 하지만 역시 싸움하고는 거리가 멀고 학교에서도 잔디밭에 앉아서 장난치는 걸 좋아하는 타입이었다. 그 당시에는 사법시험을 준비하고 있었다.

이왕 친구들과 헤어졌으면 그대로 집에 갔어도 좋았을 텐데 두 사람은 나머지 일행들이 자취방에 도착할 때까지 기다렸다가 공중전화를 걸어서 데리러 오라고 했다. 휴대전화가 없던 시절이었다. 자취방 주인이 데리러 오기로 했고 두 친구는 추위에 떨면서 무료한 시간을 보내고 있었다. 바로 그때, 갑자기 누군가 황급히 뛰어오면서 비명을 질렀다. 젊은 여자였다. 내 친구들을 발견한 여자는 울면서 살려달라고 소리쳤는데 그 여자 조금 뒤에서는 어떤 남자가 쫓아오고 있었다. 친구들이 여자를 붙잡자 그 여자는 처음 만난 남자로부터 강간을 당할 뻔해 도망을 치고 있었다며, 자기 친구도 또 다른 남자에게 강간을 당할 것 같다면서 울었다. 젊은 남녀의 사랑싸움 정도로 생각했던 내 친구들은 화들짝 놀랐다. 어느새 여자를 쫓아오던 남자도 내 친구들에게 다가왔다.

만일 그때 다가온 남자가 내 친구들에게 별일 아니라고, 오해가 있었을 뿐이라고 얘기했으면 두 사람도 망설였을지 모른다. 하지만 그 남자는 강간당할 뻔했다는 여자의 말에 아무 대꾸도 못하고 멈칫거리기만 했다. 상황은 분명해 보였고 선택을 내려야만 했다. 두 명 중 체격도 좋고 운동도 잘하는 이주형이 쫓아온 남자를 번개같이 땅바닥에 메다꽂았다. 남자는 얼굴이 땅에 짓이겨질 정도로 완전히 제압당했다. 그런데 여자는 한숨을 돌리기도 전에 자기 친구가 당하고 있을지 모르니 어서 가봐야 한다고 재촉을 했다. 이주형은 남자를 잡고 있었고 김진영은 망설일 겨를도 없이 여자와 함께 봉천동 골목길을 올라가기 시작했다.

나중에 이 얘기를 전해들은 사람들은 이때 직접 가지 말고 경찰에 신고했어야 한다고 말들을 했지만, 사실 지금 당장 자기 친구가 강간당할지 모른다고 울면서 잡아끄는 사람 앞에서 시간을 지체한다는 건 생각하기 어렵다. 김진영은 앞뒤 잴 틈도 없이 여자를 따라 뛰어갔다. 여자는 그를 데리고 간신히 한두 사람이 누울 만한 크기의 자취방들이 다닥다닥 붙어 있는 반지하의 주택으로 갔다. 그 당시에

많던 아주 싼 고시원 같은 곳이었다. 방으로 뛰어들어간 김진영은 약간 당황했다고 한다. 구체적으로 어떤 상황일지 생각해본 것은 아니었지만, 적어도 소란스러운 광경을 예상했는데 뜻밖에 방 한쪽에 있는 책상 앞 의자에 어떤 여자가 말없이 앉아 있고 조금 떨어진 자리에 남자 한 명이 역시 말없이 앉아 있었다.

김진영의 말에 따르면 정말 묘한 분위기였다고 한다. 화기애애하게 놀고 있다가 김진영이 뛰어들어와서 놀란 것 같은 분위기도 아니었고, 그렇다고 강간이 일어났던 것 같지도 않았다고 한다. 남자나 여자나 양쪽 다 옷이 흐트러져 있지도 않았다. 잠시 망설이던 김진영은 특별히 할 말도 없고 해서 앉아 있는 여자를 데리고 반지하방을 나왔다. 그리고 밖에서 기다리던 다른 여자와 함께 이주형이 기다리는 곳으로 골목을 내려가기 시작했다. 그때, 갑자기 뒤에서 거친 욕설과 함께 누군가 달려오는 소리가 났다. 반지하방에 앉아 있던 남자가 죽인다고 소리를 지르면서 쫓아오고 있었다. 손에는 칼을 들고 있었다.

혼비백산한 김진영은 정신없이 뛰어 달아나기 시작했다. 물론 뒤따르던 여자들도 비명을 지르며 달아났다. 이주형이 기다리던 곳까지 온 김진영은 도망가라고 소리를 질렀고 그때까지 넘어뜨린 남자를 잡고 있던 이주형도 상황을 파악하고는 기겁을 해서 달리기 시작했다. 그때부터 김진영과 이주형은 목숨을 걸고 도망치고, 칼을 든 남자와 이주형의 손에서 풀려난 남자가 소리를 지르며 쫓아오는 상황이 벌어졌다. 어느 사이엔가 여자들은 사라졌다.

놀란 상태에서 도망치던 이 추격전의 구체적인 상황은 명확하지 않다. 어찌어찌해서 추격자들을 따돌린 두 사람은 길 건너에 있는 파출소에 갔는데, 경찰관으로부터 길 건너 쪽에서 벌어진 사건은 자기네 관할이 아니고 다른 파출소 관할이니 그곳으로 가보라는 기막힌 설명을 들었다고 한다. 황당해져서 그곳을 나온 둘은 쫓아온 남자들과 마주쳤고 다시 목숨을 건 추격전이 시작되었다. 급해진 친구들은 관악구청 구내로 뛰어들었는데, 문이 잠긴 구청 건물을 몇 바퀴 돌았다고 한다. 마침내 쫓겨 다니는 사람들을 본 누군가가 경찰에 신고를 했고 두 사람은 죽음의 위협에서 벗어났다. 출동한 경찰관들은 4명 모두를 데리고 경찰서로 갔다.

너무나 놀란 친구들은 떨리고 지친 가슴을 진정시키려고 노력하면서 경찰관에게 자초지종을 털어놓았다. 강간당할 뻔했다는 여자들을 구해줬는데 남자들이 칼을 들고 쫓아와서 죽을 고비를 넘겼다는 이야기, 파출소에 갔다가 경찰관서의 관할에 관한 친절한 설명(!)을 듣고 쫓겨난 억울한 이야기. 당연한 순서지만 경찰관들은 상대방에게 내 친구들의 말이 맞느냐고 물어보았다.

여기서 친구들을 쫓아온 남자들은 전혀 다른 버전의 진상(!)을 털어놓는다. 나는 이 사건 기록을 보지는 못했지만, 남자들이 쓴 진술서는 아마도 이랬을 것이다.

"저는 서울 관악구 봉천동 ○○-○○○에 사는 ○○○이라고 합니다. 오늘 처음 보는 사람들로부터 폭행을 당한 사실이 있어서 진술합니다. 저와 제 친구 XXX는 사당동에 있는 XX라는 나이트클럽에 놀러 갔습니다. 그곳에서 여자 두 명을 만나게 되어 저희들이 사는 자취방에 데리고 와서 술을 한 잔 마셨습니다. 여자들이 집으로 가겠다고 해서 바래다주려고 큰 길로 내려가고 있는데, 갑자기 술에 취한 두 남자가 시비를 거는 것이었습니다. 저희는 모르는 척 지나가려고 했는데, 두 명 중 험상궂게 생긴 사람이 제 친구를 넘어뜨리고 발로 차서 친구의 얼굴에서 피가 흘렀습니다.

놀란 여자들이 비명을 지르면서 항의하자 그들은 서로 얼굴을 마주보더니 도망치기 시작했습니다. 저희는 잡아야 한다는 생각에 쫓아가다가 경찰관 아저씨들을 만나게 되었습니다. 아무런 이유 없이 얻어맞아서 정말 억울하고 제 친구는 많이 다쳤습니다. 술 마시고 다른 사람에게 피해를 입힌 사람들을 꼭 처벌해주시기 바랍니다."

경찰관은 양쪽을 번갈아 쳐다봤다. 이주형이 쓰러뜨렸던 남자는 아직도 얼굴에 핏자국이 선명했고 입이 퉁퉁 부어 있었다. 넘어지면서 이빨이 부러졌던 것이다. 경찰관은 내 친구들에게 질문을 던졌다.

"저 사람들이 칼을 들고 쫓아왔다고 했는데, 칼이 어디 있는지 아니?"

그제야 화들짝 정신이 든 친구들은 서로 얼굴을 마주보았다. 칼이 없었다. 쫓아오던 남자들이 경찰관을 보고 어딘가에 던져버렸는지 없어져버린 것이다. 대답을 못하는 친구들에게 경찰관이 다시 물어

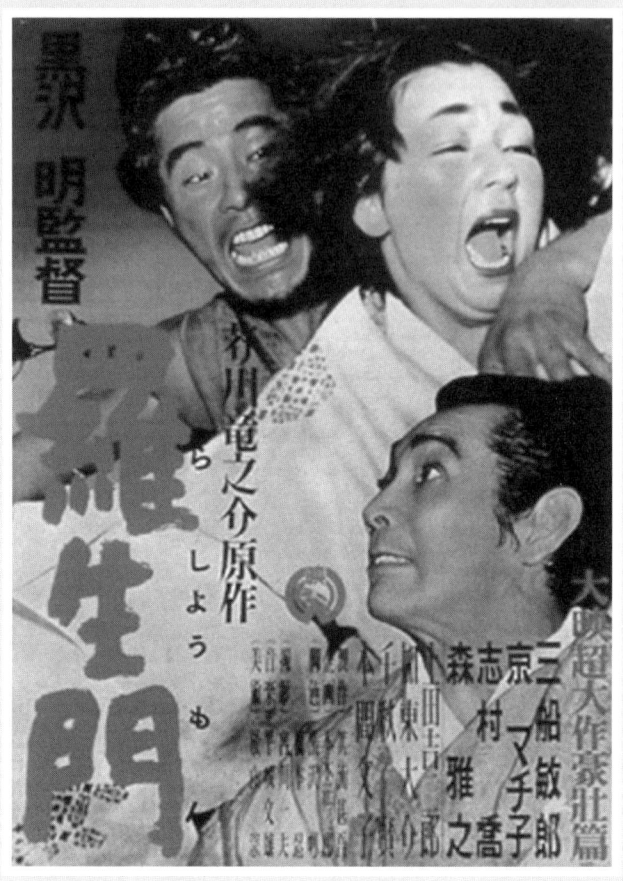

⚖

제삼자에게 객관적 진실이란 과연 있을까? 나는 이 사건의 진상을 안다고 확신하지만, 칼을 들고 내 친구들을 쫓아왔던 남자들의 부모들은 전혀 다른 스토리를 진상으로 확신하고 있지 않은가. 나는 내가 〈라쇼몽〉에 등장하는 나무꾼과 같이 진실을 말한다고 생각하지만, 과연 내가 나무꾼일까? 그리고 과연 나무꾼의 말은 진실일까?

봤다.

"그 여자들 연락처는 아니?"

알 리가 없었다. 칼을 들고 친구들을 쫓아오던 남자들은 오히려 억울하다고 떠들기 시작했고, 입이 부어오른 남자는 병원에 보내달라고 소리를 질렀다. 이미 밤은 지나고 멀리 동쪽 하늘이 밝아오고 있었다.

내가 이 사건에 대해서 정확히 언제 처음 들었는지는 잘 기억이 나지 않는다. 김진영과 이주형으로부터 도와달라는 전화를 받은 친구들이 날 찾아와서 얘기를 했던 것 같다. 친구들이 내게 온 이유는 그 당시에 내가 검사 시보를 하고 있었기 때문이다. 검사 시보는 사법연수원 2년차 때 검찰에 가서 4개월간(요즘은 2개월로 줄었다) 검사 업무를 하면서 실무를 익히는 것을 말하는데, 아무래도 내가 검찰이나 경찰 돌아가는 걸 좀 알 테니까 어쩌면 좋겠냐고 의논을 하러 온 것이다.

소식을 들은 나도 물론 깜짝 놀랐다. 아무리 친구라도 사고를 칠 것 같은 걱정이 드는 아이들이 있는데 김진영이나 이주형은 결코 그런 유형이 아니었다. 또 사고를 치고 나면 친구 사이에도 거짓말을 하고 자기 잘못을 감추려는 녀석들이 있는데 이 친구들은 그럴 위인들도 아니었다. 두 친구와 알고 지낸 지 8년이 넘었을 때이니 표정만 봐도 무슨 생각을 하는지 알 수 있기도 했다.

진상은 분명했고 상대방이 새빨간 거짓말을 하는 것이 들여다보였다. 나를 찾아온 친구들도 김진영과 이주형이 처한 상황에 격분해 있었다. 위험한 처지에 놓인 사람을 도와주고도 폭행범으로 몰리다니. 흥분한 친구들은 나름대로 여러 가지 계획을 짜놓고 있었다. 상대방 남자들이 갔었다는 나이트클럽에 가서 그 여자들을 찾아오고 봉천동 일대를 수소문해서 증인을 찾아보겠다는 등 진실을 밝히고 곤경에 빠진 친구들을 구해내겠다고 했다.

사건의 진행 상황은 좋지 않았다. 경찰에서는 상대방이 거짓말을 한다고 볼 근거가 없다는 이유로 내 친구들이 선량한 행인의 이빨을 부러뜨렸다고 잠정적인 결론을 내리고 친구들을 구속할지 검사의 지휘를 받는다고 했다. 사건의 정도로 봐서 결론이 어떻게 나건 구속될 정도는 아니라고 생각했지만 걱정스럽기는 했다.

나를 찾아온 친구들은 당연히 김진영과 이주형이 무혐의 처분을 받기를 바랐다. 그리고 가능하면 여자들을 폭행하려고 했던 상대방에게 법의 정당한 심판을 받게 하는 것이었다. 그걸 위해서 여자들을 찾아오고 목격자를 찾아보겠다는 것이었다. 가만히 이것저것 생각해본 끝에 내가 친구들에게 말했다.

"합의 봐야겠다."

친구들이 황당한 표정으로 나를 쳐다봤다. 아니 지금 당하고 있는 것도 억울한데 합의를 보다니. 그런 놈들 치료비를 물어주라는 말이냐? 이런 표정이었다.

내 생각은 이랬다. 그런 일을 당한 여자들이 그 나이트클럽을 다시 올 리는 절대 없다. 설사 온다고 하더라도 우리는 그 여자들 얼굴도 모르는데 어떻게 찾겠는가. 상대방 남자들이 발 벗고 협조를 해 준다고 해도 나이트클럽에서 우연히 알게 된 여자를 다시 찾는 게 쉽지 않을 텐데 그 사람들이 도와줄 리가 없지 않나. 그리고 그 넓은 봉천동에서 어떻게 무슨 증인을 찾는다는 건가. 목격자를 찾기도 어려울뿐더러 설사 본 사람이 있다고 하더라도 애초에 어떻게 된 일인지 정확히 아는 것은 아니지 않은가. 우리의 목적은 친구들이 무혐의 처분을 받는 것인데, 지금처럼 피해자들(!)이 펄쩍 뛰는 상황에서는 쉽지 않다.

검사가 무혐의 처분을 한다고 하더라도 진정서를 제출한다거나 갖은 방법으로 이의를 제기할 가능성이 높기 때문이다. 일단 잡음의 소지를 없애야 하는 것이다. 하지만 내 설명을 들은 친구들은 고개를 설레설레 저었다. 잘못은 상대방이 했는데 무슨 합의냐는 것이었다. 말은 안 했지만 친구들 마음속에는 선배들의 도움을 받을 수 있지 않을까 하는 순진한 기대도 있었다. 법과대학 동창 모임에서 벌어진 일인 만큼 선배 판사와 검사들이 도와줄 것이라는 기대였다. 실제 진상도 우리 쪽이 정당할 뿐 아니라 선배들도 관심을 갖고 도와줄 텐데 괜히 합의를 할 이유가 없다는 것이 친구들의 의견이었다. 그때쯤 상대방의 가족들이 등장하기 시작했는데, 부러진 이 치료비를 포함해서 거액의 합의금을 요구하기 시작했다.

나한테서 신통한 답을 듣지 못한 친구들은 그때부터 이 사건을 해결하기 위해서 열심히 뛰어다녔다. 문제의 나이트클럽에 가서 웨이터를 붙잡고 이런저런 남녀를 본 일이 있냐고 묻기도 했고(이런저런 남녀가 한둘이겠나), 사건 내용을 설명한 뒤 혹시 그런 일을 겪었다는 여자들을 보면 연락을 달라고 부탁도 했다.(웨이터는 그러마고 대답했다고 하는데 당연히 연락이 올 리가 없다) 봉천동 일대를 다 뒤지고 집집마다 찾아가서 그날 밤 일을 본 적이 있냐고 물어본 끝에 싸움을 하는 것처럼 소란스러운 소리를 들었다는 사람을 찾아내기도 했다.(물론 아무런 도움이 되지 않는다) 그리고 며칠 후 친구들은 조용히 합의금을 모으기 시작했다. 나도 얼마 안 되던 사법연수생 월급의 상당 부분을 송금했다.

한참이 지난 후 김진영은 검찰에서 '무혐의' 처분을 받았고 이주형은 '죄 안 됨' 처분을 받았다. 김진영은 상대방을 때린 적이 없고 이주형은 때리기는 했는데 정당방위였다는 뜻이다.

소문으로는 담당검사가 처음에는 기소유예 처분을 내리려 했다고 한다. 기소유예란 죄는 인정되지만 정상참작 사유가 있어서 용서해 줄 때 하는 처분이다. 친구들이 상대방을 폭행해서 이를 부러뜨린 죄를 저지른 것은 인정되는데, 전과도 없고 합의를 하는 등의 정상참작 사유가 있으니 기소하지는 않겠다는 뜻이다. 상대방 남자들의 주장을 뒤집을 증거가 없다는 이유에서였다고 한다. 나중에 결재 과정에서 설마 김진영과 이주형이 이렇게 새빨간 거짓말을 할 리가 있냐는 지적을 받고 '무혐의', '죄 안됨' 처분을 한 것이라고 했다. 정확한 사정은 알 수 없지만 하여튼 소문의 내용은 그랬다.

앞서도 말했지만 나는 이 사건의 진상을 안다고 확신한다. 내 인생이 걸린 시험을 치르는데 답을 백번 쓸 기회가 주어지고 이 사건에 관해서 누구 말이 맞는지 적어내라고 하면 백번 다 김진영과 이주형이 진실을 말한다고 대답할 자신이 있다. 두 사람을 내가 너무나 잘 알기 때문이다. 다른 말썽을 부렸다면 몰라도 길을 가는 남녀에게 이유 없이 시비를 걸고 두들겨 패다니, 도저히 그럴 친구들이 아니다. 그렇지만 그 두 사람과 상대방 남자들 그리고 누군지 모를 여자 두 명을 제외한 사람들에게 내가 믿는 것이 과연 진실일까?

상대방 남자들의 부모는 어떨까. 경찰에서부터 새빨간 거짓말을 해서 다른 사람을 모함한 사람들이 가족에게 솔직하게 잘못을 인정했을 리는 없을 것이다. 상대방의 부모들은 나만큼의 확신을 가지고 자기 자식이 억울하게 당했다고 믿고 있을 것이다. 혹시 나중에 우연히 내 친구들이 무혐의 처분을 받았다는 것을 알게 되었다면, 서울 법대 나온 것들이라고 남의 귀한 자식을 두들겨 패고도 빽을 써서 빠져나갔다고 속상해할지도 모른다. 그 사람들에게는 그게 객관적 진실일지 모른다.

이 사건을 담당한 검사는 어떨까. 직접 아는 사이는 아니라고 해도 앞날이 창창한 대학 후배들한테 일부러 불리한 처분을 할 이유는 없다. 더구나 한 명은 사법연수원을 다니면서 법조 후배가 될 예정이었으니 말이다. 소문대로 그 검사가 기소유예 처분을 하려고 했다면 나름대로 고민 끝에 상대방의 말이 근거가 있다고 생각했을 것이다. 양쪽의 스토리를 놓고 볼 때 상대방 쪽의 말이 내 친구들의 말보다 단순하고 전형적이다. 술 먹고 돌아다니다가 데이트하는 남녀에게 시비를 걸고 싸움을 벌이는 것은 매일 밤 일어나는 흔한 사건이다. 그에 비해서 여자가 살려달라고 뛰어오고, 다시 다른 여자를 구하러 갔는데, 그 여자와 함께 있던 남자가 처음엔 말없이 앉아 있다가 갑자기 칼을 들고 쫓아온다는 건, 주위에서 쉽게 볼 수 있는 일은 아닌 것이다. 나도 양쪽을 전혀 모르는 상태에서 두 이야기를 들었다면 과연 어느 쪽의 손을 들어주었을지 짐작하기 어렵다.

가장 억울한 일 중 하나가 자기는 진실을 말하는데 세상이 그걸 믿어주지 않는 거라고 생각한다. 억울하지 않은 죽음이 어디 있겠냐마는 저지르지 않은 범죄로 사형을 선고받고 집행을 앞둔 사람의 심정은 필설로 표현하기 어려울 것이다.

이 사건이 친구들의 인생행로에 외형상 큰 영향을 주지는 않았다. 한 친구는 그 후 변호사가 되었고 다른 친구는 대기업 회사원이 되었다. 결혼해서 가정을 꾸리고 평범하게 살고 있다. 하지만 과연 두 친구의 머릿속 한구석에는 아무런 상처도 없을까? 어려움에 처한 사람을 도우려고 했는데, 아무런 잘못도 저지르지 않았는데, 강간당하려 하는 여자를 구해달라는 말에 두려움을 떨치고 용기를 짜내서 무엇이 기다리고 있을지 모르는 문을 열고 들어갔는데, 결국 경찰관과 검사는 자기들의 말을 믿어주지 않은 것이다.

　제삼자에게 객관적 진실이란 과연 있을까? 나는 이 사건의 진상을 안다고 확신하지만, 칼을 들고 내 친구들을 쫓아왔던 남자들의 부모들은 전혀 다른 스토리를 진상으로 확신하고 있지 않은가. 나는 내가 〈라쇼몽〉에 등장하는 나무꾼과 같이 진실을 말한다고 생각하지만, 과연 내가 나무꾼일까? 그리고 과연 나무꾼의 말은 진실일까?

어느 소년의 죽음

. . .

"오늘 여러분은 가장 엄숙한 시민의 의무 중 하나를 맡았습니다. 여러분이 하실 일은 사실을 찾아내는 일입니다. 진실을 말입니다. 진짜 범죄가 있었습니다. 아무도 그것에 대해 반박하지는 않을 겁니다. 진짜 희생자가 있었습니다. 진짜 고통이. 여러분은 우리에게 그것이 왜 일어났는가를 얘기할 필요는 없습니다. 사람들이 가진 동기란, 결국은, 영원히 그 사람의 내부 속에 잠겨 있는 것인지도 모르니까요. 그러나 여러분은 적어도, 무슨 일이 벌어졌는가를 판결하려고 노력해야만 합니다. 여러분이 그러지 못한다면, 우리는 이 사람이 마땅히 자유의 몸이 되어야 하는 건지, 아니면 마땅히 처벌을 받아야 하는 것인지 알지 못한 것입니다. 우리는 누구의 죄인지 알지 못할 것입니다.

진실을 찾아내지 못한다면, 우리의 정의로운 사법의 희망이란 게 무엇이겠습니까?"

─『무죄추정』, 스콧 터로

12년간의 검사 생활을 하면서 스스로 미해결 사건이라고 생각하는 것이 세 건 있다. 물론 무죄를 받거나, 심증은 가면서도 증거가 없어서 기소하지 못한 사건은 훨씬 많지만 사건의 진상에 대해서 확신이 서지 않고 모르겠다는 말밖에 할 수 없는 경우는 세 건이다. 한 건은 사기 사건이고 다른 두 건은 사망 사건인데, 사망 사건 중 한 건은 후배 검사가 담당했던 사건이고 한 건은 내가 맡았던 사건이다. 여기에 쓰는 사건은 내가 초임 검사 시절이었던 10여 년 전 담당했던 실제 사건이다. 등장하는 인명과 지명은 모두 바꾸었고 관련된 사람들에게 피해가 가지 않도록 하기 위해서 사건 내용에도 상당히 손을 댔다. 하지만 주된 줄거리는 실제로 있었던 일을 그대로 썼다.

초임 검사들은 일에 파묻혀 산다. 내 초임 시절도 마찬가지였다. 하루 종일 기록을 읽고 조사를 하고 사건 생각만 했다. 경험이 적어 비교적 쉬운 사건들을 배당받았지만 아무리 간단한 음주운전 사건도 몇 번씩 기록을 정독했다.

부장 검사들이 새로 임관한 검사들을 훈련시키기 위해 사건과 관계없는 사소한 일들을 묻는 일이 있다. 예를 들면 피의자가 다니는 회사의 주소가 어디냐는 둥, 형제가 몇 명이냐는 둥 물어본 다음에 대답을 잘하지 못하면 기록을 열심히 읽어야 한다고 일장 훈시를 하는 식이다. 처음 임관해서 만난 부장님도 한번은 피의자의 누나 주소를 물어보신 적이 있었는데, 내가 정확히 대답을 하는 바람에 조금 당황해하셨다. 간단한 기록을 한 다섯 번씩 읽다 보면 그런 것도 외워진다. 새로운 일에 적응해가던 즐거운 시절이었다.

그러던 어느 날 대형 트럭 운전기사가 교통사고를 일으켜서 구속이 된 사건을 배당받았다. 흔히 보기 힘든 특이한 사고였다. 피의자는 트럭을 몰고 경사가 심한 내리막길을 내려가다가 교통체증으로 잠시 서 있었다. 그런데 자전거를 타고 인도를 따라 트럭 바로 옆을 지나던 피해자가 미끄러지면서 넘어져서 자전거와 함께 트럭 오른쪽 뒷바퀴 앞으로 쓸려 들어갔다. 피해자는 정민철이라는 중학교 2학년 학생이었다. 그때 마침 트럭 뒤에는 버스가 한 대 있었는데 버스 기사가 모든 상황을 목격했다. "어어" 하는 사이에 정체가 풀리면서 멈춰 있던 트럭은 앞으로 나아갔고 일어나려던 피해자는 뒷바퀴에 치이면서 그만 사망한 사건이었다.

그때만 해도 교통사고가 나서 사람이 죽으면 운전사는 대부분 구속되는 시절이었다. 트럭 운전사는 구속영장이 발부되어 구속되었고 버스 기사의 진술 등을 통해서 경찰 조사에서 대부분의 사실관계는 다 밝혀져 있었다. 하지만 쉽지 않은 사건이었다.

교통사고 사건 같은 것을 과실범이라고 한다. 일부러 고의를 가지고 범죄를 저지른 것이 아니라 충분히 주의를 하지 않았기 때문에 다른 사람에게 피해를 주게 되는 범죄이다. 과실범으로 처벌하려면 결과를 예상할 수 있어야 한다. 예를 들어 왕복 2차선의 좁은 길에서 차를 운전하는 사람은 도로를 횡단하는 보행자가 있을 수 있다는 것을 예상할 수 있고, 따라서 무단 횡단을 하는 사람을 치면 처벌을 받지만, 한밤중에 경부고속도로에서 운전을 하는 사람은 고속도로를 횡단하는 사람이 있으리라는 것까지 예상할 수는 없고, 만일 그런 사람 때문에 교통사고를 내도 책임이 없다는 식이다.

교통체증 때문에 잠시 정차해 있던 트럭 운전사가 자전거를 타고 가던 사람이 넘어져서 뒷바퀴 앞으로 쓸려 들어갔을 수도 있다는 걸 예상할 수 있을까? 그런 것까지 예상하고 차를 출발시키기 전에 백미러를 통해서 뒷바퀴 부근을 살펴야 할 의무가 있다고 할 수 있을까? 참고가 될 만한 판례나 자료도 없었다. 고민을 하고 나름대로 판단을 내려서 결정해야 할 사건이었다.

그러던 어느 날 죽은 학생의 아버지와 작은아버지라는 사람이 검사실로 나를 찾아왔다. 아들을 죽인 트럭 운전사를 엄벌에 처해달라는 것이었다. 자식을 먼저 보낸 부모 앞에서 무슨 말을 할 수 있을까? 나는 정말 안된 마음으로 위로의 말을 건네고 어쨌든 사건은 공정하고 정확하게 처리하겠다고 말을 했다.

그런데 조금 이상한 점이 있었다. 사실 수사 단계에서 피의자가 받을 수 있는 가장 불이익이 될 만한 처분은 구속되는 것이다. 그 사건에서 트럭 운전사는 이미 구속되어 있었고 달리 어떻게 더 중한 처분을 할 수 없는 상태였다. 또 피의자도 자신의 차에 치여 어린 학생이 죽었다는 점에 대해서 깊이 반성하고 있었고 어떤 처벌이라도 달게 받겠다는 태도였다. 자신이 무슨 죄가 있냐고 항변하는 상황은 전혀 아니었다. 그럼에도 불구하고 사망자의 아버지는 억울하고 원통하다고 했다. 대개 검사실에 와서 하소연을 하는 사람들은 어떤 처분을 해달라고 부탁을 하거나 무엇이든 바라는 것이 있는 게 보통인데 이 경우에는 특별히 바랄 일이 없었는데도 그랬다.

사망자의 아버지는 아내가 첫아이를 낳은 다음에 피임 수술을 받아서 더 이상 아이를 가질 수가 없다는 말도 했다. 당시만 해도 일부러 하나만 낳는 경우는 거의 듣기 힘든 일이었기 때문에 이 점도 좀 특이하다는 생각을 했다. 어찌되었건 트럭 운전사의 처벌 가능성과 사망자 가족의 고통을 놓고 고민하던 나는 현장검증을 해보기로 결정했다.

실제 사고 현장에 대형 트럭을 가져다놓고 사망자가 어떻게 해서 뒷바퀴 앞으로 쓸려 들어가게 되었는지 과연 백미러로 뒷바퀴 부분이 보이는지 등등 보다 명확하고 상세하게 사고 내용을 파악해보기로 했다. 경찰관 여러 명이 나와서 교통을 통제하고 현장을 재현해야 했다. 관할 경찰서에 연락해서 지휘를 하고 관련된 사람들에게도 나와줄 것을 부탁했다.

현장검증 전날 담당 경찰관에게서 전화가 왔다. 어차피 검찰청에 올 일도 있고 사고 현장에 함께 가고 싶은데 자기 차를 타고 같이 가겠느냐고 물었다. 자기 차가 포니라고 하면서 괜찮겠냐고 했다. 괜찮다니? 포니는 그때 이미 거의 찾아보기 힘든 앤티크(!)였다. 당시 우리가 타는 관용차는 엑센트였다. 그때만 해도 검사의 위세가 아직은 조금 남아 있었기 때문에 관용차를 타고 현장에 나가면 관계자들이 정중하게 서 있다가 문을 열어주곤 했는데, 조그만 차 뒷자리에 타고 가서 밖에 줄지어 선 사람들이 문을 열어주는 가운데 내리는 것은 정말 어색한 광경이었다. 지나가는 사람들이 호기심 어린 눈으로 쳐다보곤 했다. 관용 엑센트와 앤티크 포니. 선택은 쉬웠다. 그 경찰관과 함께 차를 타고 현장으로 가는 동안 나는 정말 이상한 이야기를 들었다. 이 사건이 미해결 사건으로 남게 된 것은 결국 그 차 안에서 들은 이야기에서 비롯된 것이다.

나를 태워준 경찰관은 나와 나이가 비슷해 보였는데 아주 유쾌한 사람이었다. 현장으로 가는 동안 우리는 사건 이야기, 말도 안 되게 적은 공무원 봉급 이야기 그리고 무엇보다도 그가 자랑스러워하는 앤티크 포니에 대한 이야기를 나누었다. 거의 도착할 무렵 그가 이런 얘기를 했다.

"그런데, 검사님. 별건 아니지만 아시고 계셔야 될 것 같아서 말씀드리는데, 죽은 애 선생님이 찾아와서 사망자가 민철이가 아닌 것 같다는 말을 했습니다."

"그게 무슨 말씀이죠?"

"죽은 애는 딴 앤데 민철이 부모가 자기 애가 죽은 것처럼 거짓말을 하고 있다는 거죠. 뭐 보험금을 노린다거나 그런 얘기 아니겠어요? 제가 그냥 돌려보냈습니다."

"자기 자식이 죽은 것도 아닌데 어떻게 죽었다고 한다는 거죠? 그럼 죽은 애는 누구란 말입니까?"

"그래서 제가 말도 안 된다고 생각해서 돌려보냈습니다."

이해가 가지 않았다. 다른 사람도 아닌 사망자의 담임선생님이 사망자의 신원에 대해서 의문을 제기하다니. 더 묻고 싶었지만 그 경찰관은 별로 깊게 생각한 것 같지 않았고 이미 현장에 도착했기 때문에 나중에 담임을 불러서 물어봐야겠다고 생각하며 차에서 내렸다.

사고 현장은 복잡했다. 원래 정체가 심한 길을 일부 통제하면서 대형 차량 두 대를 놓고 현장검증을 하려니 간단한 일은 아니었다. 하지만 이 정도로 특이한 사건을 현장도 보지 않고 처리할 수는 없었다. 실제로 사고가 난 시간에 맞추어서 현장검증을 했는데, 다행히 사고 시각이 오전 10시 30분이어서 출퇴근 시간은 피할 수 있었다. 열 명이 넘는 경찰관이 현장을 통제하고 있었고 주변에는 구경꾼들도 많았다. 그런데 그곳에는 사망자의 아버지와 작은아버지가 와 있었다. 원래 그 현장검증은 구속된 트럭 운전사에게 과실이 있는지를 확인하기 위한 것이었기 때문에 혹시 트럭 운전사에게 유리한 점이 발견되면 사망자 측이 항의를 할 가능성이 있어서 현장검증 일정을 유족들에게 알려주지 않았다. 사고 당시 현장에 있지 않았던 유족들이 굳이 현장검증에 올 필요도 없었다. 하지만 어떻게 알았는지 그곳에 와 있었고 그들을 가라고 할 수는 없는 일이었다.

그때도 유족들의 태도는 석연치가 않았다. 보통 살인사건이나 교통사고 등 사망사건 현장검증을 할 때 유족들이 오면 나름대로 추측을 해서 가해자의 죄질이 중하다는 식의 주장을 하는 것이 보통이다. 사망자가 반항한 흔적이 없는데도 잔인하게 죽였다거나, 과실범의 경우 무분별하게 사고를 일으켰다는 등의 의견을 나름의 근거와 함께 제시한다. 그런데 이번 사건의 경우에는 좀 달랐다. 우선 유족들이 술을 마셨는지 얼굴이 벌게져 있었다. 그리고 굉장히 억울하다면서 가끔씩 소리를 지르곤 했는데 그렇다고 해서 수사를 하는 나나 경찰관들에게 불만을 표시하는 것도 아니었다. 뭔가 석연치 않았다. 하여튼 교통통제로 인해서 짜증을 내는 사람들로부터 조금이라도 욕을 덜 먹기 위해서 나는 최대한 효율적으로 움직였다.

경찰관들은 지나가던 대형 트럭 한 대와 버스 한 대를 정지시켜서 사고 현장에 세웠다. 운전사들은 흥미 있는 일이라고 생각했는지 쉽게 협조를 해주었다. 가장 중요한 것은 대형 트럭 운전석에서 우측 백미러로 뒷바퀴 앞쪽이 보이는지 여부였다. 만일 그곳이 사각(死角)이라서 보이지 않는다면 운전사를 처벌할 수 없었다. 그곳에 누군가 넘어져 있다는 것을 알 수 없는데 어떻게 사고를 방지할 의무가 있다고 할 수 있겠는가? 다행인지 불행인지 백미러를 통해서 뒷바퀴 앞부분은 분명히 보였다. 미리 준비한 자전거와 사망자의 역할을 한 경찰관이 넘어진 모습을 재연하게 한 다음 사진을 찍었다.

다음은 사고 트럭 바로 뒤에 세워놓은 버스 운전석에 올라가서 사고 장면을 잘 볼 수 있는지 확인했다. 트럭 적재함에 가려서 못 볼 수도 있지 않을까 생각했는데 잘 보였다. 목격자의 말은 믿을 만한 것이었다. 마지막으로 자전거가 넘어져서 트럭 뒷바퀴 앞으로 쓸려 들어간 원인을 찾아보았다. 보도블록에 조금 튀어나온 부분이 있었다. 경사가 심한 내리막길이었는데 자전거를 타고 빠른 속도로 내려가다가 그 부분에 걸려서 차도 쪽으로 넘어지면서 트럭 아래로 들어간 것이었다. 차도도 아닌 인도로 자전거를 타고 가다가 트럭에 치이다니. 정말 안타까운 일이 아닐 수 없었다. 현장검증을 마치고 경찰관들과 인사를 한 뒤 사무실로 돌아왔다. 그날 확인한 사실들을 정리하고 사진을 인화하라고 한 뒤 현장으로 가면서 들은 말을 곰곰이 생각해보았다. 죽은 아이가 민철이가 아니라니 무슨 말일까? 나는 경찰관을 찾아왔었다는 담임선생님을 만나보기로 결정했다.

　내 사무실에 온 민철이 담임선생님은 눈이 빨갛게 충혈되어 있었다. 며칠 잠을 못 잔 탓이라고 했다. 민철이 담임이 들려준 이야기는 이랬다. 주말을 지내고 월요일에 출근을 해서 민철이가 사고로 사망했다는 말을 듣게 되었다. 자기 반 학생이 죽었다는 말에 충격을 받고 멍해 있다가 무거운 마음으로 아이들에게 소식을 전하러 교실로 갔다. 아이들한테 사고 얘기를 해주자 학생 한 명이 "어, 나 어제 민철이 봤는데"라고 말했고, 다른 두 명도 민철이를 봤다는 얘기를 했다고 한다. 그때까지 담임은 사고 시간을 몰랐기 때문에 그런가보다 생각을 했는데 나중에 민철이가 사고를 당한 것이 오전 10시 30분이라는 사실을 알고 이상한 생각이 들었다고 한다. 아이들이 민철이를 보았다는 것은 오후였기 때문이다.

　대학 때 데모깨나 했다는 민철이 담임선생님은 처음에 경찰이 사건을 조작한 것이 아닌가 의심했다고 한다. 그런데 시간이 지나면서 점점 죽은 아이가 민철이가 아니라는 생각이 들더라고 했다. 우선 오전 10시 30분에 사망했다는 아이를 다른 친구들이 오후에 보았다는 것이 말이 안 되었고, 민철이 장례식에 갔을 때 민철이 엄마가 없었던 것도 이해가 가지 않았다. 조심스레 어머니는 어디 가셨냐고 물었더니 너무 충격을 받아서 경주에 있는 시아주버니 집에 가 있다는 대답을 들었다. 정말 이해가 안 가는 답변이었다. 민철이가 사고를 당한 장소는 집에서 꽤 떨어진 곳으로, 자전거로 약 30분 걸렸다. 이모네 집이 그 부근에 있어서 그곳에 가다가 사고를 당했다는 것이다. 그렇다면 민철이 엄마는 친자매가 자전거로 30분 떨어진 곳에 사는데, 아들이 사고로 죽은 상황에서 평소에도 어려울 게 분명한 시아주버니 집에, 그것도 먼 지방에 가 있다는 말인가? 그럴 리는 없었다.

 민철이 담임이 알고 있는 사실과 추리는 이랬다. 민철이 부모는 집 부근에서 작은 공장을 운영했는데, 그 전해에 부도가 나서 어렵게 살고 있었다. 민철이는 부모가 공장에 있는 동안 혼자 자전거를 타고 돌아다니기를 좋아했다. 어느 날 늦게 집에 온 민철이 엄마는 아들이 보이지 않아 찾아나섰다가 시간이 늦어지면서 이곳저곳 수소문을 하고 다녔다. 민철이가 사고를 당하던 날 민철이 아버지는 귀가하지 않았다(그 이유는 알 수 없었다). 우연히 집 부근 파출소에서 자전거를 탄 중학생에 대해 묻던 민철이 엄마는 그런 아이가 교통사고를 당해 병원으로 호송되었다는 말을 듣고 놀라서 병원으로 뛰어갔다. 그곳에서 아들 자전거와 똑같은 자전거가 부서져 있는 것을 본 그녀는 기절했다. 결국 연락을 받고 온 친척이 민철이의 신원을 확인했다.

담임선생님의 생각은 실제로는 민철이가 자전거를 타고 다니다가 아주 늦게 집에 왔는데 엄마는 병원에 있는 부서진 자전거를 보고 지레 자기 아들이 죽었다는 생각에 기절했고, 친척은 민철이 엄마가 기절해 있고 비슷한 나이 또래의 학생이 죽어 있으니 당연히 민철이라고 생각해서 신원을 확인해주었다는 것이었다. 실제로 죽은 사람의 얼굴은 살아 있을 때의 얼굴과 좀 다르고 자세히 보지 않으면 실수하기 쉽다. 다음날 집에 온 민철이 아버지는 집에 있는 아이를 보고 사태의 전말을 알게 되었지만, 어려운 형편 때문에 보험금에 눈이 어두워 사실을 감추었다는 것이다. 또한 담임은 아마도 민철이 엄마가 다른 사람 눈에 띄지 않게 민철이를 데리고 경주의 시댁에 갔을 것이라 추측했다.

처음에 반신반의하던 담임이 자신의 추리를 확신하게 된 것은 민철이 아버지의 태도를 보았을 때였다. 담임은 자신의 추리를 담당 경찰관에게 털어놓았는데, 나중에 그 경찰관이 민철이 아버지에게 말한 것을 알게 되었다고 한다. 그 얘기를 들었을 때 담임은 자기가 민철이 아버지한테 맞아죽든지 최소한 항의를 당해서 사표를 써야 될 거라고 생각했다는 것이다. 하나밖에 없는 아들을 잃은 사람에게 아이 담임이라는 자가 거짓말일지도 모른다고 경찰에게 얘기한 것이 알려지면 얼마나 엄청난 항의를 받을 것인가. 그런데 담임을 찾아온 민철이 아버지는 별로 화를 내지도 않고 "선생님이 그런 말씀 하셨어요?"라고 하면서 그런 말을 하게 된 이유를 묻고는 무언가를 골똘히 생각하는 표정으로 가더라는 것이었다. 그때 담임은 민철이 아버지가 남모를 어떤 사정을 숨기고 있다고 확신하게 되었다고 한다. 하지만 경찰에게 얘기해도 소용이 없으니 어떻게 해야 하나 걱정하면서 잠을 못 이루고 고민하던 중에 나로부터 연락을 받은 것이다.

죽은 아이가 민철이가 아닌 다른 아이라니. 그러면 다른 아이의 부모는 지금 애타게 자기 아이를 찾고 있을 것 아니겠나. 가만히 있을 수는 없었다. 나는 민철이를 봤다는 아이들을 조사하기로 마음먹었다. 민철이 친구들을 조사하는 데는 두 가지 잊어서는 안 될 것이 있었다. 첫째는 왜 조사하는지를 비밀로 해야 한다는 것이다. 죽은 아이가 결국 민철이로 밝혀질 경우에 이런 조사를 했다는 것이 알려지면 민철이 부모에게 씻을 수 없는 상처를 줄 수 있다. 검찰에서 조사를 했다는 사실을 알면 결과야 어떻게 되건 사람들이 민철이 부모를 의심의 눈초리로 바라볼 위험성이 있으므로 무엇보다도 피해야 할 일이었다.

둘째는 중학생들의 말을 액면 그대로 믿어서는 안 된다는 것이다. 중학생 정도면 사리분별을 할 때이지만 그래도 아직 어리기 때문에 기억에 혼동이 오는 수가 자주 있다. 나는 직접 학교로 출장을 가서 조사하기로 결정했다. 중학생들을 검찰청으로 불러서 조사를 하기 시작하면 민철이 교통사고와 관련한 온갖 종류의 소문이 퍼질 게 분명했다. 그리고 민철이를 보았다는 학생들이 긴장해서 혼동을 일으킬 수도 있었다. 학교에 협조를 구해서 빈 교실에 앉아 사고 당일 민철이를 보았다는 아이들을 불렀다.

아이들은 내가 검사라는 사실을 전혀 몰랐다. 모두 세 명이었다. 첫 번째 온 아이의 기억은 단순했다. 일요일에 늦게 일어났더니 식구들이 모두 나가고 없었다. 부엌에서 밥을 찾아 먹고 동네 오락실로 갔다가 오락을 하고 있던 민철이를 만났다. 한 판만 시켜달라고 했더니 좋다고 해서 기다렸는데 오락을 끝내더니 안 시켜주고 그냥 가서 욕을 했다는 것이다. 민철이는 자전거를 타고 오락실을 떠났는데 그때가 오락실 벽에 걸린 시계로 12시쯤 되었다고 했다. 12시쯤이라. 상당히 자신 있게 말했지만, 그 말만 믿고 죽은 아이의 신원을 처음부터 다시 조사하기에는 부족했다. 시간을 착각했을 수도 있었다.

나머지 두 명을 불렀다. 그 아이들은 함께 민철이를 보았다고 했다. 아침에 일어나서 다른 친구들과 함께 축구를 하고 나서 한 친구 집에 가서 비디오를 봤다. 비디오 제목은 〈분노의 역류〉였다. 다 보고 나서 다시 마을 언덕 위에 있는 운동장으로 야구를 하러 가고 있는데, 자전거를 타고 있던 민철이를 만났다는 것이다. 그때는 이미 늦은 오후였다. 민철이는 아이들에게 혹시 가다가 자기 부모님을 만나면 자기가 자전거를 타고 있다는 말을 해달라고 부탁했다고 한다.

이 진술은 진짜 문제였다. 중학교 2학년 학생이 기억을 잘못할 수도 있고 시간을 혼동할 수도 있다. 하지만 휴일 아침에 일어나서 축구를 하고 집에 와서 비디오를 보고 다시 야구를 하러 갈 때쯤이면 아침 10시 반은 지났다고 보는 게 상식에 맞았다. 더군다나 민철이와 대화까지 나눈 이상 다른 아이와 착각했다고 보기도 어려웠다. 아이들이 야구를 하러 가던 운동장 부근에 민철이 부모의 공장이 있었기 때문에 부모님에게 말을 전해달라는 대화 내용도 어색하지 않은 것이었다. 혼란스러웠다.

사무실로 돌아온 나는 다시 기록을 들여다보았다. 살인사건이었으면 시체를 부검하고 사진도 여러 장 찍기 때문에 민철이를 아는 사람들에게 확인을 해볼 수 있다. 하지만 교통사고는 부검을 하지 않고 겉으로만 시체를 살펴보고 사진도 전문 사진사가 아닌 담당 경찰관이 대강 찍는다. 담임으로부터 입수한 민철이의 증명사진을 놓고 기록에 첨부된 시체 사진과 아무리 비교해보아도 같은 아이인지 아닌지 알 수가 없었다. 중학생이라서 머리를 아주 짧게 깎았고 사고 이후에 찍은 사진은 눈을 감은 상태였기 때문에 확신한다는 것은 불가능했다.

죽은 아이가 민철이인지 아닌지 확실하게 알 수 있는 방법은 하나 남아 있었다. 무덤을 파고 시체를 꺼내서 유전자를 채취한 다음 부모의 유전자와 비교하는 방법이었다. 대개 어린 나이에 부모보다 먼저 죽은 자식은 화장을 하는 경우가 많은데 어떤 이유에서인지 민철이는 매장을 했기 때문에 유전자를 채취하는 데는 아무런 문제가 없었다.

나는 정말 깊은 고민에 빠졌다. 만일 무덤을 파헤쳐서 유전자 감식을 했는데 죽은 애가 민철이로 확인되면 사표를 내야 할 것 같았다. 민철이 부모가 뭐라고 항의해도 할 말이 없을 것이다. 유전자가 일치하지 않아도 문제가 해결될 것 같지는 않았다. 민철이 아버지가 아이를 더 이상 갖지 못한다고 했던 것이 못내 마음에 걸렸다. 민철이 부모가 원래부터 불임이고 민철이가 입양된 아이일 수도 있었다. 민철이가 태어난 때는 1980년대 초반인데 그때만 해도 불임 부부들이 비밀리에 입양을 하고 마치 직접 낳은 것처럼 출생신고를 하는 일이 드물지 않았다. 유전자가 일치하지 않는 것으로 확인되었을 때 민철이 부모가 "사실은 친자가 아니다, 몰래 입양한 자식이다"라고 말하면 사실 그 진위를 확인하는 것도 만만한 일은 아니었다. 만일 그 부부가 원래 불임이어서 민철이를 남몰래 입양한 것인데 내가 무덤을 파헤쳐서 기껏 그 사실을 밝혀내게 된다면 그건 상처를 다시 한 번 건드리는 것밖에 아무것도 아니었다.

부장님께 의논을 드렸다. 부장님은 무덤을 파서는 안 된다는 의견이었다. 아무리 돈이 궁하다고 한들 자식이 죽었다고 거짓말을 하는 부모가 어디 있겠느냐는 것이었다. 하지만 세상에는 온갖 종류의 부모가 다 있다. 그리고 민철이 담임의 추리를 따른다면 원래부터 거짓말을 하려던 것은 아닌데 하다 보니까 지금의 처지에 이르렀을 수도 있다.

일단 무덤을 파지 않고 할 수 있는 방법을 다 써보기로 했다. 관할 경찰서에 사고가 났을 때를 전후해서 실종신고가 된 아이가 있는지 조회를 해보았다. 없었다. 부근 학교들에도, 꽤 멀리까지, 무단결석을 하고 있는 학생이 없는지 확인해보았다. 이건 민철이 담임이 도와주었다. 그런 학생도 없었다.

이제 확인할 수 있는 다른 방법은 없었다. 무덤을 파는 것을 심각하게 고려했다. 압수수색 영장을 청구하면 나올 것 같았다. 머릿속에서는 어떻게 해야 할지 두 가지 생각이 팽팽했다. 한쪽에는 '설마 부모가' 하는 마음과 실종신고가 된 아이가 없다는 점, 민철이의 증명사진과 죽은 애의 사진이 어느 정도는 비슷하다는 점 그리고 만일 무덤을 팠다가 가족들에게 씻을 수 없는 상처를 주게 되지 않을까 하는 두려움이 자리 잡고 있었다.

다른 한쪽에는 민철이 친구들의 구체적이고 분명한 진술, 어머니가 멀리 시가 쪽 친척집에 가 있는 점 등 석연치 않은 식구들의 태도 그리고 만일 죽은 애가 민철이가 아니라면 죽은 애를 찾아 헤매고 있을 또 다른 가족들의 모습이 가슴을 짓눌렀다.

그리고 민철이 아버지는 계속 사무실로 나를 찾아왔다. 별다른 말도 없었고 불만을 표시하는 것도 없었다. 그저 억울하다는 말뿐이었다. 조심스럽게 한번 물어보았다.

"민철이 사망신고를 하셨나요?"

"안 했습니다."

"왜 안 하셨죠?"

"아직 믿기지가 않아서 할 수가 있어야죠."

나는 최종 결정을 미루기로 했다. 우선 설사 민철이의 부모가 거짓말을 하고 있는 것이라고 해도 그때까지는 특별한 범죄를 저지른 것은 아니었다. 단순히 거짓말을 하는 것만으로는 죄가 되지 않는다. 보험금을 청구하거나 손해배상을 받아야 범죄가 되는 것이다.

1년을 기다려보기로 했다. 그리고 호적을 확인해서 사망신고를 했는지 알아본 다음, 만일 사망신고를 하지 않았으면 다시 조사를 해보기로 했다. 중학교 다니는 아이의 주민등록을 하나 만드는 것은 그리 간단한 일이 아니다. 만일 민철이가 살아 있다면 여러 가지 정황으로 보아 경주에 있다는 친척집으로 보냈을 확률이 높았다. 잠시 학교를 쉬게 할 수는 있겠지만 결국 다시 학교를 보내야 할 텐데 사망신고를 해버리면 재입학을 시킬 때 보통 복잡한 문제가 생기지 않는다. 무엇보다도 민철 부모는 민철이에게 새 이름을 지어주고 아마도 다른 사람에게 입양을 시킬 수밖에 없을 것이다. 돈이 궁해서 다른 사람들에게 거짓말을 할 수는 있겠지만 자식의 이름을 바꾸고 다른 호적으로 보내기는 쉽지 않을 것이다. 만일 민철이가 살아 있다면 결국 사망신고를 하지 못할 것이라는 것이 내 생각이었다.

1년 후 나는 민철이의 호적을 확인해보았다. 사고가 난 지 약 10개월이 지난 다음에 사망신고가 되어 있었다. 민철이와 가까운 친척들 호적도 확인해보았지만 새로 입양한 아이가 있다거나 다른 이상한 점은 발견되지 않았다. 그 사이에 트럭 운전사는 이미 집행유예를 받고 풀려났다. 민철이의 부모는 보험금 외에 통상적인 수준의 금액을 받고 합의를 해주었다.

나는 결국 무덤을 파지 못했다.
무덤을 팠다가 결과가 잘못되었을 때 사표를 내야 하거나 책임을 지는 것이 두려웠던 것은 아니다. 내 추리에 확신할 수 없었던 것이 문제였다. 아침에 일어나서 친구들끼리 모여 축구를 하고 비디오를 한 편 보고 다시 야구를 하러 갈 시간이면 오전 10시 반은 틀림없이 지난 시간이라고 수도 없이 스스로에게 말해보았지만 자신이 없었다. 아무리 증거가 빈약한 사건이라도 나름대로는 결론을 내리게 된다. 논리라고 말해도 좋고 감이라고 해도 할 말은 없지만 어쨌든 한쪽 손을 들어주는 것이 보통이다. 하지만 이 사건에 대해서는 아무런 의견이 없고 그게 내가 이 사건을 해결하지 못한 사건 중 하나로 꼽는 이유이다.
이 사건은 꽤나 오랫동안 나를 괴롭혔다. 때때로 길지 않은 검사 생활을 돌이켜볼 때, 혼자서 생각에 잠겨 있을 때 문득문득 민철이 증명사진 속의 무표정한 얼굴이 떠오른다. 그러면 나의 첫 번째 반응은 심한 의심을 한 데 대해서 마음속으로 민철이한테 사과를 하는 것이다. 하지만 곧바로 내 머릿속에 떠오르는 것은 트럭 뒷바퀴에

밟혀 죽은 채 눈을 감고 있는 시체의 사진이다. 그 아이가 과연 민철이일까? 내가 사과해야 하는 사람은 억울하게 죽고도 감춰져버린 또 다른 아이가 아닐까? 지금까지도 아이를 찾아 헤매고 다니면서 가슴이 까맣게 썩어 들어간 다른 부모가 아닐까? 두 장의 사진이 서로 겹치면서 내 머릿속을 맴돌면 나는 해결되지 못한 무수한 사건들을 생각한다.

국선변호의
추억

. . .

"상상이 갑니까?" 젤리페가 덧붙였다. "일 년 전만 해도 살인죄를 벗으려고 우리 모두에게 자신이 정신병자라고 증언해달라고 하더니, 이제는 정신병원에서 나가려고 정상이라고 보증해달라는군요. 그러니 우리가 그 친구를 곧 꺼낼 겁니다!"
—『살인의 해석』, 제드 러벤펠드

법은 사실을 확정한 다음에 그에 맞는 규정을 찾는 방식으로 작용한다. 어떤 사람이 절도죄로 기소되어 재판을 받게 되면 먼저 도둑질을 한 것이 사실인지 검토하고, 만일 그렇다고 인정되면 형법에 정해진 형벌을 받도록 판결하는 식이다. 그런데 때로는 확정된 사실을 토대로 법률을 적용하기 전에 먼저 어떤 판단을 해야 하는 경우가 있다. 정신병이 있는 사람이 범죄를 저지른 경우가 그중 하나다.

원래 정신병이 심해서 자기가 무슨 행동을 하고 있는지조차 모르는 사람이나 스스로의 행동을 통제할 수 없는 사람은 처벌할 수 없다. 책임을 질 능력이 없는 사람을 비난할 수는 없기 때문이다. 그러나 그렇다고 해서 다른 사람에게 피해를 입힐 위험성이 높은 사람을 방치할 수도 없다. 그래서 대부분의 국가에는 이런 사람들을 격리하기 위한 법률이 있다. 우리나라에도 이런 상황을 타개하기 위해서 '치료감호법'이란 법률이 있다. 치료감호법에 의하면 심신장애(정신병 등의 이유로 스스로의 행동에 책임을 질 능력이 없는 상태를 말한다)로 인해서 처벌할 수는 없지만 재범의 위험성이 있는 사람을 적절한 시설에 수용하도록 하고 있다. 그런데 재범의 가능성이 있는지 판단하는 것은 때때로 말처럼 쉽지 않다. 사법연수원을 다니던 시절 국선변호를 맡게 된 사건이 그런 경우였다.

지금은 좀 달라졌지만 내가 연수원에 다닐 때는 1년간 연수원에서 강의를 듣고 나머지 1년은 법원, 검찰, 변호사 사무실을 돌아다니면서 실무수습을 했다. 법원 6개월, 검찰 4개월, 변호사 사무실 2개월인데 법원에 있을 때는 국선변호를 맡기도 한다. 나는 조금 특이한 상해사건의 국선변호를 맡게 되었다.

내가 변론을 해야 할 사람은 종로를 걷다가 마침 행인들에게 버너를 파는 노점상 앞을 지나게 되었다. 그 노점상은 버너의 성능을 보여주기 위해서 버너 위에 맹물이 담긴 냄비를 올려놓고 끓이고 있었는데, 내 의뢰인이 버너 장사에게 그 냄비의 물을 들이부은 사건이었다. 버너 장사는 전치 4주의 화상을 입었고 의뢰인은 구속되었다. 경찰과 검찰에서 조사를 해보니 도대체 범행의 동기를 찾을 수가 없었을 뿐만 아니라, 범인이 제정신이 아닌 것 같아서 정신감정을 했고 결국 심신장애라는 판정을 받아 치료감호를 청구하게 된 것이다. 치료감호 청구를 당하는 사람은 쉽게 말해서 정신 상태가 온전하지 않기 때문에 반드시 국가에서 변호인을 선임해주게 되어 있다. 그래서 사법연수생인 내가 국선변호인으로 선임된 것이었다.

난생처음 구치소로 접견을 갔다. 접견이란 변호인이 구속되어 있는 사람을 만나러 가는 것을 말한다. 내가 만난 교도관은 아주 친절한 분이었는데 접견실로 안내해주고 자판기에서 커피까지 한 잔 뽑아주었다. 의뢰인이 교도관에게 이끌려 접견실로 왔다. 아주 선한 인상이었다. 이 사건 이전에 전과도 전혀 없는 사람이었다. 몇 가지 일상적인 질문을 던져보았는데 정상적으로 대화가 통했다. 범행에 대해서 물어보았다.

"뜨거운 물이 담긴 냄비를 들어서 버너 장사한테 부은 게 맞나요?"

"예, 제가 그랬지요."

"버너 팔던 사람은 원래 아는 분인가요?"

"아니오. 그날 처음 보는 사람이에요."

"그러면 왜 그랬나요?"

"솔직히 말씀드려도 될까요?"

"예, 괜찮습니다. 말씀하세요."

"(목소리를 낮추며) 사실은 말이죠. 버너 장사가 물을 끓이고 있었는데, 그 물이 저한테 뜨겁다고 하는 거예요. 살려달라고 하는 거예요. 그래서 그 물을 버너 장사에게 부어버렸어요."

"……."

그때 교도관이 뽑아준 커피가 테이블 위에 있었는데 얼른 치워버렸다. 만약 커피가 뜨겁다고 말을 걸면 나한테 부어버리지 않겠는가?

왜 정신에 문제가 생겼는지 이것저것 물어보았다. 40대 후반의 남자였는데 10대 시절부터 수십 년간 매일 소주 다섯 병 이상을 마셨다고 했다. 그 말이 사실이라면 알코올 중독으로 정신이 이상해진 케이스였다. 변론을 할 게 없었다. 일반적인 사건이라면 무죄 주장을 하거나 유죄가 확실한 경우에는 정상참작 사유를 들면서 형량을 낮추어달라고 변론했겠지만 이 사건은 병원에 보내는 절차였기 때문이다. 병원에 입원시켜서 정상으로 돌아올 때까지 치료하다가 다 나으면 퇴원시키는 것이니까 형량 같은 것도 없었다. 흔히 하는 것처럼 법정에서 "선처를 바랍니다"라고 말할 수도 없었다. 도대체 선처를 해준다면 뭘 해달라는 말인가?

그래도 실무 수습을 하는 입장에서 그냥 그렇게 처리할 수는 없었다. 이번 기회에 정신이상자가 저지른 사건에 관한 이론을 섭렵해보자는 자세로 서점에 가서 의과대학 정신과에서 쓰는 교과서를 몇 권 샀다. 그 당시 국선변호 한 건을 하면 보수로 5만 원 정도를 받았는데 그것보다 훨씬 많은 돈을 책값으로 썼다. 책에는 재미있는 내용이 있었다. 어떤 정신병이 있는 사람들은 창문이 있는 집을 못 그린다는 것이었다. 집에 창문을 그려보라고 하면 창문을 집보다 더 크게 그리기 때문에 결국 집을 못 그리게 된다는 것이다. 내가 맡은 의뢰인의 병명이 바로 그것이었다. 나는 그 책을 들고 다시 접견을 갔다. 의뢰인에게 흰 종이를 주고 창문이 있는 집을 그려보라고 했다. 그런데 놀랍게도 아무런 문제없이 잘 그렸다. 책에는 로르샤흐 테스트라는 것도 있었는데, 잉크가 번진 것 같은 이상한 모양의 그림을 보여주고 무엇이 연상되는지 질문해서 심리상태를 분석하는 것이라고 했다. 그것도 한번 해보기는 했는데 전문가가 아닌 나로서는 의뢰인의 대답을 어떻게 해석해야 할지 전혀 알 방법이 없었다.

어쨌든 집 그림 테스트와 로르샤흐 테스트를 하면서 의뢰인과 어느 정도 정상적인 대화를 나누게 되자 나는 본격적으로 변론을 해보겠다는 마음을 먹었다. 사람에 따라서는 끓는 물을 다른 사람에게 붓는 위험한 사람을 석방시키려고 노력하는 게 윤리적이지 않다고 생각할 수도 있다. 하지만 그건 잘못된 생각이다. 여기서 복잡한 법조윤리 문제를 논할 생각은 없지만 기본적으로 변호인은 자기 의뢰인의 이익을 최우선으로 생각해야 한다. 그것이 길게 볼 때 사회 전체적으로도 바람직한 결과를 가져온다. 변호인이 의뢰인의 이익보다 사회 전체의 이익을 먼저 생각해야 한다고 주장하는 사람에게,

나는 그러면 왜 변호사가 있어야 하나, 그냥 판사가 공정하게 하면 되지 않냐라고 말하고 싶다.

나의 변론 전략은 이랬다. 치료감호 청구가 받아들여지려면 검찰에서 두 가지를 입증해야 한다. 첫째 재판을 받는 사람의 정신 상태에 문제가 있다는 것, 둘째 재범의 위험성이 있다는 것. 바꾸어 말하면 재판받는 사람이 제정신이 아니고 다시 똑같은 행동을 할 수 있는 위험한 사람이라는 것을 증명해야 하는 것이다. 내 공격 타깃은 두 번째 항목이었다. 의뢰인은 전과도 없고 인상도 부드러웠다. 한 번 사고를 치긴 했지만 똑같은 행동을 반복할 위험성이 있다는 것을 어떻게 아느냐고 공격하면 반드시 승산이 없다고 볼 수는 없었다. 그러면서 동시에 내가 실시한 집 그림 테스트 결과를 제시해서 정신 상태에도 큰 문제가 없다고 첫 번째 항목도 공격하자는 것이 나의 계획이었다.

마침내 재판날이 되었다. 나는 수사기록과 의뢰인이 그린 집 그림, 그리고 두꺼운 정신의학 교과서를 몇 권 들고 법정에 나갔다. 원래 법정에서는 공평하게 먼저 온 변호사부터 재판을 한다. 법정에 온 순서대로 앉아 있다가 자기 순서가 되어 앞으로 나가면 판사가 그 사건을 재판하는 것이다. 연수생 신분인 나는 가장 일찍 법정에 도착했지만, 차마 선배 변호사들 앞에서 먼저 하겠다고 나서지 못해서 계속 뒤로 순서가 밀리고 있었는데, 보다 못한 법원 정리가 변호사들에게 양해를 구해주어서 마침내 변론을 하러 나가게 되었다. 먼저 재판장이 우리 의뢰인에게 이름과 주소, 주민등록번호 등 인적사항을 물어보고 검사에게 신문을 하라고 했다. 검사는 그에게 뜨거운 물을 부어서 다른 사람에게 화상을 입힌 사실이 있느냐고 물었고 의뢰인은 순순히 그런 일이 있다고 자백했다.

내 차례였다. 의뢰인에게 질문을 던졌다.

문 | 왜 그런 짓을 했나요?
답 | 글쎄요. 잘 기억이 나지 않아요. 검사님이 물으셔서 그렇다고 대답은 했지만, 사실 그때 일이 잘 기억이 안 납니다.
문 | 전에도 다른 사람을 다치게 한 일이 있나요?
답 | 전혀 그런 일은 없습니다. 저는 다른 사람하고 싸우지도 않아요.
문 | 그럼 왜 이런 일이 일어났을까요?
답 | 잘 모르겠는데…… 혹시 술에 취해서 그런 게 아닐까요?

나는 의뢰인이 그린 집 그림을 꺼내서 보여주면서 물었다.

문 | 이 그림 생각나나요?
답 | 예, 변호사님이 그리라고 해서 제가 그린 거잖아요.
문 | (정신의학 교과서를 펼쳐 보이며) 이 책은 정신의학 교과서인데

이 책에 따르면 지금 문제가 되는 병에 걸린 사람은 창문이 있는 집 그림을 못 그린다고 되어 있습니다. 제가 시키는 대로 그림을 그릴 때 무슨 문제가 있었나요?

답 | 아무 문제도 없었습니다.

오후의 법정 안에서 졸음을 참던 변호사들과 방청객의 얼굴에 완연히 흥미가 돌기 시작했다. 풋내기 연수생이 두꺼운 의학 교과서를 휘두르면서 무슨 테스트 운운하는 것이 재미있어 보였을 것이다. 보통 별다른 변론을 하지 않는 단순한 치료감호 사건에서 그렇게 설쳐 댔으니 특이하게 보일 만도 했다. 이날따라 의뢰인의 상태는 무척 좋았다. 물이 살려달라고 했다는 둥 이상한 소리도 안 했고 그저 기억이 나지 않는다고 했을 뿐이다. 내가 묻는 말에도 조리 있게 또박또박 대답을 했다. 의뢰인의 정신이 이상한지 여부는 재범의 위험성과 직접적인 관계가 있는 것은 아니지만 법정에서 엉뚱한 소리를 하면 행동을 예측하기 어렵다고 인정될 가능성이 높고, 그러면 재범의 위험성이 있다고 해도 반박하기 어려웠다. 나는 질문을 하면서도 의뢰인이 황당한 대답을 할까봐 조마조마했는데 다행이었다.

신문을 마친 나는 자랑스러운 표정으로 재판장을 쳐다봤다. 재판장은 곤란한 표정이었다. 연수원에 다니는 국선변호인이 몇 마디 질문한 것만 가지고 다른 사람에게 화상을 입힌 사람을 그냥 풀어줄 수는 없었다. 그렇다고 전과도 없고 조리 있게 대답도 하는 사람을 재범의 위험성이 있다고 해서 병원에 가두라는 명령을 내리기도 쉽지 않은 일이었다. 잠시 망설이던 재판장은 의뢰인의 가족을 증인으로 부르겠다고 하더니 여동생을 증인으로 부르기로 하고 다음 기일을 정했다. 작은 승리였다. 보통 한 번의 재판이면 마무리되는 사건에서 재판장으로 하여금 망설이다가 직권으로 증인을 채택하게 만든 것이었다. 더군다나 재판장은 당시 신문에서 호랑이 재판장이라고 불리던 아주 엄한 분이었다. 나는 이 사건을 이기겠다고 굳게 마음먹었다.

다음 재판날이 되었다. 나는 의뢰인의 여동생에게 할 질문을 잔뜩 만들어서 가져갔다. 성장과정에서부터 생활환경, 병력 등등. 하지만 재판장은 연수생 국선변호인에게 질문 기회를 주지 않았다. 그는 직접 여동생을 상대로 우리 의뢰인에 대해서 자세히 질문을 하기 시작했다. 그런데 의뢰인의 여동생은 재판에서 우리 편 증인으로 만날 수 있는 가장 좋은 유형의 사람이었다. 판사들은 바보가 아니다. 증인이 일부러 어느 한쪽 편을 들면 금방 안다. 정말 도움이 되는 증인은 정직한 증인이다. 우리 편에게 불리한 말을 서슴없이 하는 증인이 정말 중요한 문제에 있어서 우리에게 유리한 증언을 하면 그건 정말 믿음이 간다. 이날 재판에 나왔던 여동생이 바로 그런 증인이었다.

일단 증인은 의뢰인의 상태를 묻는 재판장의 질문에 인정사정없이 자기 오빠는 이상한 사람이라고 대답했다. 어려서부터 술을 많이 마셔서 바보 같은 말을 많이 하고 엉뚱한 상상을 하기도 하고 때때로 가족들한테도 조리 있게 말하지 못한다고 했다. 친동생인데도 너무 한다 싶을 정도로 객관적으로 의뢰인의 상태를 묘사했다. 하지만 여동생은 자기 오빠가 위험한 사람이 아니라는 걸 분명히 했다. 어려서부터 한 번도 싸운 일도 없고 다른 사람에게 피해를 주는 건 생각도 못한다고 했다. 술에 취해 있거나 엉뚱한 소리를 할 때에도 바보 같다는 생각이 들 뿐 위험한 짓을 한 적은 한 번도 없었다는 것이다. 그러면서 왜 다른 사람에게 화상을 입혔는지 모르겠다고 말했다. 증언을 마친 의뢰인의 여동생은 오빠를 쳐다보지도 않고 필요한 사무를 마쳤다는 태도로 냉정하게 법정을 걸어 나갔다. 정말 일부러 구하려고 해도 더 좋은 사람을 구할 수 없을 만큼 완벽한 증인이었다.

더 이상 할 것은 없었다. 재판장은 고민하는 표정을 지으면서 검사에게 의견을 말하라고 했다. 검사는 물론 치료감호에 처해달라고 했다. 내가 변론을 할 차례였다. 나는 자리에서 일어나서 치료감호를 하려면 첫째, 정신에 문제가 있다는 것, 둘째 재범의 위험성이 있다는 점을 검사가 입증해야 하는데, 집 그림 테스트 결과에 비추어 볼 때 정신에 문제가 있다는 것도 확실하지 않고, 전과가 전혀 없다는 사실이나 여동생의 증언에 비춰볼 때 재범의 위험성도 없는 게 분명하므로 기각해달라고 말했다. 나로서는 하나의 성취였다. 내가 가장 두려워했던 건 재판장이 의견을 물었을 때 할 말이 없는 것이었다. 사실 다른 사람에게 아무 이유 없이 뜨거운 물을 부은 사람을 입원시켜 치료해야 한다는 데 이견을 달기는 쉽지 않다. 하지만 명색이 변호인이라고 서서 아무 의견 없다고 할 수는 없는 일이었다. 나는 나름대로 쟁점을 만들어서 공격했고 적어도 치료감호 청구를 기각해달라고 요청해도 우습지 않을 만큼의 근거는 확보했다.

더 중요한 사실은 이길 수도 있겠다는 생각이 들었던 것이다. 사실 검찰에서 입증한 것은 내 의뢰인이 다른 사람에게 화상을 한 번 입혔다는 것과 정신에 이상이 있다는 진단서뿐이었다. 의뢰인이 다시 같은 범죄를 저지를 가능성이 높다는 점은 직접적으로 증명하지는 못했다. 판사들은 일반인들이 생각하는 것 이상으로 상당히 논리적이고 객관적이다. 실낱같기는 하지만 희망이 보였다. 방청객들이 숨을 죽이고 재판에 관심을 표시한 것도 큰 힘이 되었다.

재판장은 잠시 망설이더니 의뢰인에게 물었다. "마지막으로 하고 싶은 말이 있으면 해보세요." 사단이 일어난 것은 바로 그때였다! 그때까지 정말 최고의 상태를 유지하면서 정상인과 전혀 다를 데 없는 태도를 보이던 의뢰인이 갑자기 "판사님, 제가 담배를 끊었다고 이럴 수 있습니까?"라고 한 것이다. 아니, 이게 무슨 소리야? 모든 사람들이 의아하게 쳐다보는 가운데 의뢰인은 "제가 술 끊었다고 야단치는 건 이해가 가는데 담배 끊은 게 무슨 죄라고 저를 이렇게 가두는 겁니까?"라고 말하는 것이었다. 그러면서 앞뒤가 맞지 않고 말도 안 되는 얘기를 늘어놓기 시작했다. 누가 보더라도 행동을 예측할 수 없는 사람의 전형적인 모습이었다. 의뢰인의 얘기를 듣던 재판장의 입가에 미소가 떠오르기 시작했다. 잠시 긴장했던 검사도 억지로 웃음을 참는 표정이었다.

반면 나는 죽고 싶은 심정이었다. 거의 다 됐는데, 이길 수도 있었는데. 마지막 순간 내 의뢰인은 전혀 사리에 맞지 않는 엉뚱한 대답을 함으로써 자신의 정신상태가 이상하다는 것을 분명히 증명함과 동시에 한동안 별문제 없어 보이다가도 돌변할 수 있다는 걸 보여줌으로써 예측이 불가능한 존재라는 사실을 확인시켰다. 의뢰인이 중언부언 사리에 맞지 않는 말을 떠드는 동안 방청석에서는 소리를 죽인 웃음이 퍼져나가기 시작했고 검사는 아주 노골적으로 싱글벙글하고 있었다.

2주 후 선고가 예정되어 있었지만 결과를 알아볼 필요도 없었다. 너무나 뻔했기 때문이다. 사실 부당한 결과도 아니었다. 아무 이유 없이 다른 사람을 다치게 한 사람은 처벌을 받지는 않아도 적어도 치료를 받기는 해야 할 것이다. 그 후 의뢰인을 다시 보지는 못했다. 치료를 받아서 정신병이 다 나았기만을 바랄 뿐이다.

진실은 쉽게 알 수 없는 것이기는 하지만, 때로는 스스로 그 모습을 드러내기도 한다. 재판 막바지에 의뢰인이 엉뚱한 소리를 한 것도 그런 경우다. 어떤 원인에서든지 그는 행동을 예측하기 힘든 상태가 되었고 치료감호를 받아야 한다는 것이 그의 말로 분명해졌다. 그때 의뢰인이 엉뚱한 소리를 한 건 하늘의 뜻이었을까? 치료를 받을 필요가 있는 사람이 석방되는 것을 막으려는 자연의 섭리였을까? 영원히 알 수 없는 일이지만, 재판을 통해서 진실을 확인하는 것이 항상 불가능하지는 않다는 사실을 깨달은 잊지 못할 사건이었다.

유전자 감식과
오판

....

"제가 핵심을 잘 짚고 있나 한번 보죠. 이 식탁에 모여 앉은 우리는 존 커피가 소녀들을 죽이지 않았고 소녀들의 목숨을 구하려고 애까지 썼다는 걸 알고 있어요. 맥기 부보안관은 거기까지는 모르겠지만, 살인죄로 사형선고를 받은 이 남자가 살인을 저지르지 않았다는 심증을 강하게 갖고 있구요. 그런데도…… 그런데도…… 여러분은 재심을 청구하지 못한다는 거네요. 재수사조차 못한다는 소리네요."
―『그린 마일』, 스티븐 킹

법조계에는 오판에 관한 전설적인 이야기가 하나 있다. 일제시대 어떤 판사가 오판을 해서 억울한 피고인에게 사형을 선고했는데, 나중에 진범이 검거되자 큰 충격을 받고 그 길로 출가해서 스님이 되었다는 것이다. 이 얘기가 정확한 사실에 근거한 것인지는 모르겠다. 그러나 충분히 있을 법한 일이다. 재판도 사람이 하는 일인 이상 아무리 조심한다고 하더라도 오판을 피할 수는 없기 때문이다. 실제로 오판은 있다. 그것도 일반 사람들이 생각하는 것보다 훨씬 자주 일어난다.

1980년대부터 시작된 유전자 감식기법은 피해자나 목격자의 증언에 의존하는 전통적인 재판에 대한 신뢰를 뿌리째 흔들어놓았다. 유전자 감식기법이 도입되기 전에도 법률가들이나 일반인들이나 오판이 있다는 것은 알고 있었다. 다만 수많은 사건을 처리하다 보면 불가피하게 오판이 발생한다고 생각했고 그마저도 대부분은 위증이나 증거조작 등 다른 원인이 있을 것이라고 짐작했다. 그러나 유전자 감식이 도입된 이후 밝혀진 현실은, 이런 생각이 얼마나 순진한 것인지 보여준다.

1984년 미국 노스캐롤라이나주에 살던 스물두 살의 여대생 제니퍼 톰슨이 아파트에 침입한 괴한에게 강간당하는 사건이 일어났다. 범인은 제니퍼의 목에 칼을 들이대고 소리를 지르면 죽인다고 협박한 다음 성폭행을 했다. 며칠이 지난 후 제니퍼는 경찰이 제시한 용의자들의 사진 중에서 로널드 코튼이라는 사람을 범인으로 지목했다. 제니퍼는 경찰이 체포한 코튼을 실제로 대면하고 그가 범인임을 확인했고 법정에 증인으로 나와서도 그렇게 증언했다. 제니퍼는 그 당시를 회상하면서 이렇게 말했다. "그가 범인이라는 사실은 의심의 여지도 없었습니다. 저는 절대적인 확신을 갖고 증언대에서 로널드 코튼이 저를 강간했다고 증언했습니다."

강간죄로 재판을 받게 된 코튼은 억울하다고 하소연했지만, 제니퍼의 증언이 너무나 강력한 증거였기 때문에 유죄판결을 피할 수 없었다. 제니퍼와 코튼은 전에 한 번도 만난 적도 없었기 때문에 제니퍼가 다른 이유로 코튼을 모함한다고 생각할 여지도 없었다. 자기 집에 침입한 괴한으로부터 강간을 당한 불쌍한 여대생이 확신을 가지고 범인을 지목하는 증언을 믿지 않을 아무런 이유도 없었다. 코튼은 강간죄로 유죄판결을 받고 감옥에 갇혔다.

평범한 강간사건으로 보이던 이 사건은 2년 후 극적인 반전을 맞는다. 코튼과 같은 교도소에 수용되어 있던 사람이 감방 동료에게 이 사건을 자기가 저질렀다고 털어놓은 것이다. 코튼은 무죄의 희망을 갖고 새로운 재판을 신청했다. 법원은 이 신청을 받아들였고 다시 재판이 열렸다. 그러나 자기가 범행을 저질렀다던 사람은 법정에서 그런 말을 한 적이 없다고 부인했고, 다시 증인으로 나온 제니퍼는 평생 그 사람을 본 적도 없다고 증언했다. 강간을 저지른 범인은 코튼이 틀림없다는 것이었다. 두 번에 걸친 제니퍼의 확고한 증언으로 코튼의 희망은 꺾이고 그는 다시 9년 동안 복역하게 된다.

감옥에 갇힌 지 11년 후, 무심코 TV 뉴스에서 O. J. 심슨의 재판을 보던 코튼은 자신의 무죄를 입증해줄 기적과 같은 방법이 생겨난 것을 알게 된다. 바로 유전자 감식이었다. 코튼은 즉시 자신의 DNA와 범행 현장에서 발견되었던 정액을 감식해줄 것을 요청했고, 그 결과 놀랍게도 코튼이 무죄라는 것이 밝혀졌다. 범인은 교도소에서 범행을 털어놓았던 그 남자였다. 두 번씩이나 코튼이 틀림없는 범인이라고 증언했던 제니퍼는 엄청난 충격을 받았다. 자신의 착각 때문에 억울한 사람이 11년이나 옥살이를 했던 것이다.

유전자 감식은 20세기 초반에 지문으로 범인을 확인하는 방법이 알려진 이후 가장 획기적인 수사기법으로 일컬어진다. 특히 억울하게 유죄판결을 받은 많은 사람들이 유전자 감식을 통해서 누명을 벗었다. 1980년대 중반 이후 유전자 감식기법이 일반적으로 활용되면서 억울하게 유죄판결을 받은 사실이 밝혀진 사건은 미국에서만 100건이 훨씬 넘는다. 그중 상당수는 강간, 살인과 같은 무거운 죄로 사형 집행을 기다리던 죄수였다.

유전자 감식기법은 무엇보다 증언에 의존하는 형사재판에 대한 신뢰를 뿌리째 흔들어놓았다. 코튼 사건처럼 고의로 거짓말을 하지 않더라도 목격자나 피해자가 착각을 하거나 잘못 기억하는 경우가 많다는 것이 확인된 셈이다. 문제는 유전자 감식기법은 그 특성상 주로 성폭력 범죄에만 활용이 가능하다는 것이다. 성폭력 범죄에 이렇게 잘못된 판결이 많다면 다른 종류의 사건에서도 그만큼 오판이 있지 않을까 하는 의구심이 당연히 생겨나게 되었다. 과연 오판의 가능성은 얼마나 높을까. 사건 관련자들이 다른 꿍꿍이를 가지고 거짓말을 하지 않으면 잘못된 판단은 막을 수 있을까. 실제로 사건을 처리하다보면 이런 문제를 결코 가볍게 여겨서는 안 된다는 것을 알게 된다.

지방 소도시에서 검사로 근무할 때의 일이다. 갓 미성년을 면한 스무 살의 여자가 고소장을 제출했다. 처음 보는 남자로부터 강제로 히로뽕 주사를 맞고 강간을 당했다는 것이다. 사건 내용은 이렇다.[1] 피해자는 전국적인 지점망을 갖춘 회사의 대구지점에 근무했는데, 직원들을 대상으로 회사에서 실시하는 교육을 받기 위해 며칠간 서울에 갔다가 포항지점에 근무하는 또래의 남자를 알게 되었다. 대구로 돌아온 뒤에도 남자와 가끔씩 연락을 주고받던 피해자는 어느 일요일 포항에 놀러오라는 남자의 초대를 받았다. 선배와 함께 있으니 친구 한 명을 데리고 와서 회나 먹고 가라는 것이었다. 마침 친구와 함께 있던 피해자는 포항을 가게 되었고 결국 초대한 남자와 그의 선배 그리고 피해자와 친구 등 네 명이 만나서 점심 식사를 했다. 식사를 마치고 포항에 친척이 있었던 피해자의 친구는 먼저 떠났고, 여자를 초대한 남자도 볼일이 있다면서 가버렸다.

선배라는 남자와 단둘이 남게 된 여자는 저녁까지 포항에 있으면서 함께 술을 마시고 취했는데, 조금 쉬었다가 술이 깨면 돌아가라는 남자의 권유에 함께 여관에 들어갔다. 그때까지 농담도 하면서 즐겁게 놀던 남자는 여관에 들어가자 갑자기 돌변해서 자기는 부산 칠성파의 조직원인데 말을 듣지 않으면 가만두지 않겠다고 협박하

---

[1] 사건에 등장하는 사람들의 이름은 가명이고 지명과 인적사항 등은 구체적인 부분도 관련된 사람들을 보호하기 위하여 바꾸었다.

며 가지고 있던 히로뽕 주사를 여자에게 놓고 사흘간 감금한 채 강간을 했다. 피해자는 히로뽕에 취해서 도망치지도 못하고 잡혀 있었는데 남자에게 집에 보내주면 다시 만나서 결혼하겠다고 약속을 하고 그곳을 빠져나왔다는 것이다.

피해자를 만나서 강간을 당하게 된 경위를 들었는데 어딘지 석연치가 않았다. 범인에게 잡혀 있었다는 사흘 동안 두 사람은 서너 군데의 여관을 옮겨 다녔고, 심지어 범인은 피해자에게 현금카드를 주면서 돈을 찾아오라는 심부름까지 시켰다는데 피해자는 경찰의 도움을 요청하거나 도망치지 못한 것이었다. 히로뽕 주사를 맞아서 그런지 정신이 없었다고 말은 했지만 쉽게 납득이 가지 않았다. 피의자와 대질 조사를 해서 확인을 해야겠다고 생각했다. 피해자가 범인의 이름을 알게 된 것은 범인이 알려준 휴대전화 번호 덕이었다. 피해자의 친척 중에는 경찰관이 한 명 있었고 이동통신 회사에 문의해서 가입자 인적사항을 알아냈던 것이다(그 시절만 해도 개인정보의 중요성에 대한 인식이 높지 않아서 이동통신회사에서 이런 문의에 쉽게 대답해주었다). 피의자의 이름은 최진석이었다.

일단 피해자가 맞았다는 주사에 들어 있었던 약품이 히로뽕이 맞는지 확인해볼 필요가 있었다. 히로뽕 사건을 수사하다 보면 가끔 가짜 히로뽕 때문에 낭패를 보는 경우가 있다. 소변검사를 해보았지만 이미 사건이 나고 며칠이 지나서 그런지 음성 반응이었다. 주사기에 들어 있던 히로뽕이 어떻게 생겼느냐고 물어봤다. 히로뽕을 실제로 보지 못한 사람들은 할리우드 영화나 TV에서 본 마약을 떠올리면서 히로뽕도 밀가루처럼 곱고 흰 가루라고 생각하기 쉬운데 실제로 히로뽕은 굵은 소금이나 조미료처럼 거친 결정체이다. 굵은소금같이 생겼다는 대답이 나왔다. 주사를 맞고 보인 반응이나 가루의 모습에 대한 설명으로 볼 때 진짜 히로뽕이라는 생각이 들었다. 다음으로는 범인을 찾을 차례였다. 주민등록상 주소지인 포항 부근 고향 마을로 경찰관을 보냈는데, 피의자는 이미 그곳을 떠난 지 오래였다. 경찰관의 보고서 내용을 기억나는 대로 적어보면 이렇다.

"피의자 최진석은 주민등록상의 주소지에 거주하지 않고 있습니다. 최진석의 가족은 고향을 떠난 지 10년도 넘는다고 합니다. 최진석의 부모는 이미 사망했고 최진석에게는 최동석이라는 이름의 형과 최인석, 최현석이라는 이름의 동생이 있는데, 마을 주민들의 말에 따르면 수도권에 있는 대학의 교수인 최동석을 제외한 나머지 삼형제는 호가 났다고 합니다."

'호가 났다'는 말이 무슨 뜻인지 알 수가 없었다. 함께 근무하는 직원에게 물어보니 웃으면서 말썽꾸러기로 주위에 소문이 파다하다는 뜻이라고 알려주었다. 어쨌거나 종적을 감춘 피의자를 지명수배하고 체포될 때까지 기다리기로 했다.

1년 후, 막 퇴근준비를 하고 있던 저녁 무렵 경찰관이 한 남자를 데리고 왔다. 지명수배를 해놓았던 최진석이었다. 비쩍 마른 몸매에 날카로운 눈빛, 산전수전 다 겪은 모습이었다. 고소장 내용에 대해서 물어보았다. 그런 여자는 알지도 못한다는 대답이 돌아왔다. 함께 식사를 했다는 후배라는 남자도 모른다고 했다. 난감한 노릇이었다. 소변검사를 했는데 히로뽕 반응도 음성이었다. 그런데 체포된 그의 지갑에서는 가짜 명함이 수십 장 나왔다. 근무하지도 않은 회사에 가짜 직함이 적혀 있는 명함을 여러 종류 가지고 있다. 신분을 속이기 위해서 마약 사범이 흔히 하는 행동이었다. 왜 가짜 명함을 만들었느냐는 물음에는 대답을 못했다. 결정적인 증거는 없었지만 그냥 보낼 수도 없었다. 피해자와 대질을 하기로 했다.

이튿날 검찰청에 나온 피해자의 반응은 실망스러웠다. 잘 모르겠다는 것이었다. 사흘을 같이 지냈으면 범인인지 아닌지 분명히 알 것 같은데 뜻밖이었다. 자신을 강간한 범인과 비슷하기는 한데 몸이 더 마른 것 같고 키도 더 작은 것 같다는 말이었다. 1년이 지나서 기억도 흐릿하다고 했다. 혹시 겁을 먹고 제대로 말하지 못할 수도 있겠다는 생각이 들어서 조사실 옆에 붙은 다른 사무실로 피해자를 데리고 갔을 때였다. 피해자가 기억을 잘 못한다는 걸 알아챈 피의자가 큰소리로 욕하면서 소리를 지르기 시작했다. 피해자 때문에 억울하게 잡혀 와서 고생을 하게 되었으니 나가기만 하면 가만두지 않겠다는 말이었다. 바로 그때, 여태 태연하던 피해자가 소스라치게 놀라면서 떨기 시작했다. 피의자가 욕을 하는 목소리가 범인이 협박하던 목소리와 똑같다는 것이었다. 그러면서 분명히 기억이 난다고 말했다. 피해자의 얼굴에 순간적으로 떠오른 두려움은 절대 꾸며낸 것이 아니었다. 나는 영장을 청구했고 피의자는 구속되었다.

하지만 어딘지 찝찝한 마음을 떨칠 수가 없었다. 피해자는 몇 번에 걸친 대질조사에서 범인이 틀림없다고 확언했지만 피의자는 완강히 부인했다. 사건 당일 함께 있었던 나머지 두 남녀 중에서 남자는 막 군대를 가서 훈련소에 있었기 때문에 조사하지 못하고, 피해자의 친구인 여자를 불러서 피의자와 대면을 시켰는데 오래 되어서 잘 모르겠지만 아마도 그때 봤던 남자가 맞는 것 같다고 했다. 그대로 기소하면 유죄판결을 받을 수 있겠다는 생각은 들었지만, 그래도 혹시나 하는 마음에 할 수 있는 모든 것을 다 해보기로 했다.

먼저 피의자의 형인 최동석에게 전화를 걸었다. 동생이 구속된 것을 알려주면서 가짜 명함 수십 종을 가지고 있었는데 혹시 그 이유가 짐작이 가는지 물어보았다. 피의자의 형은 말썽꾸러기 동생에 대해서 오히려 미안하다고 말하면서 다만 둘째 동생인 최진석이 아니라 셋째인 최인석이 마약을 하다가 처벌받은 일이 있는데, 둘째가 히로뽕 사범으로 구속된 것이 의아하다고 했다. 그러면서 자기가 알기로는 최인석이 그때도 마약범죄를 저질러 어딘가에서 징역형을 살고 있는 것으로 안다고 했다. 최인석의 전과 조회를 해보았더니 마약전과가 여러 번 있었다. 혹시 범인이 최인석인지도 모르겠다는 생각이 들었다. 경찰관의 보고서에 '호가 났다'고 적혀 있던 것이 기억났다. 피해자가 처음에 혼동을 일으켰던 것도 대면한 사람이 진범의 친형이었기 때문이 아니었을까?

만일 최동석의 말대로 최인석이 교도소에 있다면 조사를 해야겠다는 생각이 들었다. 전국의 교도소에 최인석이 수감되어 있는지 조회해보았다. 하지만 최인석이라는 사람은 없었다. 그러는 중에도 몇 번이고 최진석과 피해자를 불러서 대질심문을 했지만 결과는 같았다. 피해자는 최진석이 범인이라 확신했고 최진석은 피해자를 본 적도 없다는 것이었다.

형사소송법상 검사가 피의자를 구속하면 최대 20일 이내에 기소를 하든지 풀어주어야 한다. 시간은 흘러서 결국 19일째 밤이 되었다. 이제 내일이면 어떤 쪽으로든지 결정을 내려야 한다. 그때 문득 이상한 생각이 들었다. 피해자가 최진석의 이름을 알게 된 것은 최진석이 알려준 휴대전화 번호를 통해서였다. 최진석은 그런 번호를 사용한 적도 없다고 했지만 이동통신회사에서 팩스로 받아본 가입신청서에는 최진석의 이름과 주민등록번호가 적혀 있었다. 그런데 만일 진범이 최진석이 아닌 동생 최인석이라면 그는 휴대전화를 살 때 형의 이름을 도용했다는 뜻이다. 그렇다면 혹시 마약사건으로 구속되어 교도소에 가면서도 형의 이름을 대지 않았을까?

당장 전국의 교도소에 최진석이라는 이름의 수감자가 있는지 조회해보았다. 전주교도소에 있었다. 내가 구속해서 매일 얼굴을 마주 보는 피의자와 이름도, 주민등록번호도 같은 사람이 다른 교도소에 있는 것이다. 전주교도소에 연락해서 그 사람을 보내달라고 부탁했다. 피해자도 불렀다. 다음날 아침 내 사무실에서 새로운 최진석(!)

을 만난 피해자는 그 자리에서 주저앉을 뻔했다. 범인은 형의 이름을 도용한 최인석이었던 것이다. 목소리를 들을 필요도 없었다. 피해자가 꿈에서도 잊지 못할 강간범의 얼굴은 조금도 변하지 않았다.

최인석은 비슷한 사건을 다시 저질러서 구속되어 있었다. 또 다른 여자를 만나 조직폭력배라고 하면서 겁을 주고 히로뽕 주사를 놓고 강간한 것이다. 나는 진짜 최진석을 석방하고 그동안 수사하던 자료를 전주지검으로 보내주었다.

나한테 솔직하게 털어놓지는 않았지만 나는 최진석이 처음부터 동생이 범인이라는 사실을 알고 있었다고 생각한다. 구속되거나 피해자와 대질심문을 할 때 어딘가 믿는 구석이 있어 보인 것도 그래서일 것이다. 단지 형의 입장에서 동생이 범인이라고 말할 수 없어서 가만히 있었던 것이다. 만일 이 사건이 기소되어 재판이 열리고 최진석이 끝까지 동생에 대한 의리(!)를 지켰으면 그는 유죄판결을 받고 억울하게 처벌을 받았을지도 모른다.

유전자 감식기법이 도입되고 억울하게 유죄판결을 받았던 사람들이 누명을 벗으면서 목격자의 진술에 의존하는 형사사법 체계에 의문이 제기되었을 때 많은 법률가들은 그래도 전통적인 방식에 큰 오류가 없다고 주장했다. 오판은 극히 적은 예외적인 경우이고 목격자나 피해자 등 관련자들이 사심 없이 사실대로 진술을 하면 잘못된 결정이 나올 가능성이 거의 없다는 것이다. 그러나 이 사건을 겪은 나의 생각은 다르다. 피해자는 자신을 강간한 범인을 처벌받게 하겠다는 생각 이외에 아무런 숨은 의도가 없었다. 이 사건 이전에는 한 번도 본 적이 없는 최진석에게 다른 원한이 있었던 것도 아니고 합의를 빙자해서 경제적인 이익을 얻으려는 마음도 전혀 없었다. 겪은 일을 기억나는 대로 말했을 뿐이다. 그러나 그 결과 사건과 전혀 관계도 없는 사람이 몇 년간 억울하게 옥살이를 할 뻔했던 것이다.

제니퍼의 잘못된 증언 때문에 11년이나 억울하게 옥살이를 한 로널드 코튼은 그녀를 용서했다고 한다. 언론 보도에 따르면 코튼이 석방된 이후 두 사람은 친구가 되었고, 코튼은 유전자 감식기법이 개발되어 석방된 것을 감사하게 생각할 뿐이라고 말했다고 전해진다. 그러나 억울한 사람이 처벌받은 사실이 쉽게 잊혀져서는 안 된다. 진실은 보이는 것과 다를 수 있다는 것, 당연한 듯 보이는 결론에 대해서도 다시 의심해보고 억울한 일이 없도록 최선을 다해야 한다는 것, 그것이야말로 항상 기억해야 할 교훈일 것이다.

세일럼의
마녀 재판

....

사람들은 삶이 불공평하다고 말한다. 하지만 죽음은 더 불공평하다. 적어도 죽음을 맞는 방식만큼은 절대 공평하지 않다. 어떤 이들은 고통스럽게 죽고, 어떤 이들은 숨을 쉬듯 편안하게 죽는다. 정의는 이 세상 것이 아니라지만, 저 세상 것도 아니다.

─『회색 영혼』, 필립 클로델

마녀 재판은 흔히 중세 유럽의 암흑시대에 있었던 일로만 생각하기 쉽다. 종교가 모든 것을 지배하던 시절, 탐욕스럽고 부패한 성직자들이 종교적 견해가 다른 사람들을 악마의 추종자로 모함한 끔찍한 일로 알려져 있는 것이다. 그러나 마녀 재판의 원인을 그렇게 단순하게 볼 수는 없다.

1692년 신대륙 아메리카의 매사추세츠 세일럼이라는 고장에서 대규모 마녀 재판이 열린다. 150명 이상의 사람이 체포되어 투옥되었고, 29명이 마녀라는 이유로 혹은 다른 사람에게 마법을 걸었다는 이유로 유죄판결을 받는다. 19명이 교수형에 처해졌는데 그중 14명은 여자, 5명은 남자였다. 1명은 고문을 받다가 죽었고 적어도 5명 이상의 사람이 감옥에서 사망했다. 세일럼의 마녀 재판으로 불리는 이 사건은 그 규모와 파장에서 오랫동안 지워지지 않는 어두운 상처를 남기게 되었다.

마녀 재판은 무엇보다도 혹독한 고문이나 합리적 근거가 없는 판단 방법으로 악명이 높다. 일단 마녀로 지목되어 조사나 재판을 받게 되면 혐의를 벗는다는 것이 거의 불가능하다. 심지어 돌을 매달아 물에 빠뜨린 다음 구사일생으로 살아나오면 사탄의 도움을 받았다고 하여 교수형에 처하고 그대로 익사하면 억울한 것으로 인정하는 경우까지 있었다. 세일럼에서 동원된 '증거'에도 황당한 것이 많다. 대표적인 것이 '마녀 케이크'와 '접촉 시험'이다.

마녀 케이크는 영국의 백마술에 기원을 둔 것인데 특히 소녀들을 괴롭히는 마녀를 찾아내기 위한 것이다. 마녀의 저주에 걸려 미쳐버린 희생자 소녀의 소변을 호밀과 섞어 케이크를 만든다. 이 케이크를 개한테 먹이면 소녀에게 저주를 건 마녀는 고통을 느끼고 비명을 지르게 된다는 것이다. 마녀가 저주를 걸 때는 눈에 보이지 않는 입자를 소녀에게 주입하게 되는데 이것이 소녀의 소변에 남는다. 따라서 소녀의 소변이 섞인 케이크를 개가 먹으면서 이 입자를 씹으면 마녀가 고통을 느끼게 된다는 것이 마녀 케이크의 논리였다. 이런 미신적인 방법이 마녀를 찾아내는 데 얼마나 도움이 되었는지는 모르겠지만, 이것은 '발산의 원리'라는 데카르트의 이론(!)에 근거를 둔 것이라고 한다. 마녀는 눈에서 독이 있고 악의에 가득 찬 입자를 발산한다는 것이다.

접촉 시험도 유사한 이론에 따른 것으로 보인다. 마녀로 지목된 사람은 눈을 가린 채 발작 상태에 빠져 있는 희생자 소녀들에게 끌려간다. 마녀 후보자들이 소녀들에게 다가가서 몸에 손을 대면 소녀들은 발작을 멈추고 몸이 나아졌다고 말한다. 그러면 유죄판정을 받는 것이다. 마녀들은 눈으로 사악한 입자를 발산하는데 눈을 가렸기 때문에 그 입자가 차단되고 손이 희생자의 몸에 닿는 순간 이미 발산했던 입자가 마녀의 몸으로 되돌아오기 때문에 낫게 된다는 것이다. 미신에 사로잡힌 소녀들은 마녀 후보자들의 모습을 보자마자 스스로 발작에 빠졌고 눈을 가린 '마녀'의 손이 닿으면 순식간에 괜찮아졌다. 더 이상의 증거는 필요 없었다.

마녀 재판은 희생자의 고발로 시작된다. 가족의 죽음이나 병, 재산적 손실을 겪은 사람이, 그것을 마녀의 술책에 의한 것이라고 생각하면 치안판사에게 고발장을 제출한다. 치안판사는 고발장을 검토한 다음 마녀로 지목된 사람을 체포해서 공개적인 신문을 한다. 이 신문이라는 것은 결국 자백을 강요하는 것이다. 치안판사에 의해 마녀로 인정된 사람은 법원으로 이송되고 배심원들에 의해 기소된다. 죄명은 두 가지가 있다. 하나는 희생자에게 마법으로 저주를 걸었다는 것이고, 또 하나는 악마에게 충성을 바치는 맹세를 했다는 것이다. 기소가 되면 그날로 재판에 회부되는 경우도 꽤 있었는데 재판이 끝나고 며칠 지나지 않아 사형에 처해졌다. 임산부들은 집행을 유예받기도 했지만 출산을 마치고 나면 교수형에 처해졌다.

범행을 자백하지 않는 사람들에 대한 고문은 혹독했다. 끝까지 무죄를 주장했던 자일스 코리라는 여든 살의 노인이 그런 경우를 당했다. 판사는 그의 몸 위에 나무판을 얹어놓고 그 위에 천천히 돌을 쌓으라고 명령했다. 이틀 동안 조금씩 더 많은 돌이 올려졌고 코리는 가슴이 으깨진 채 죽음을 맞았다. 그는 끝까지 사탄에게 충성을 맹세했다는 혐의를 인정하지 않았다.

마녀로 몰린 사람들은 재판도 받기 전에 재산을 몰수당하곤 했다. 사형 집행을 당한 후에도 고난이 끝나는 것은 아니었다. 죄인들은 교회로부터 파문당했고 제대로 된 장례식도 치를 수 없었다. 교수형을 당한 시체는 아무렇게나 매장된다. 유족들은 어둠이 내린 다음에 몰래 시체를 수거해서 가족 소유의 땅에 아무런 표지 없이 묻었다고 알려져 있다. 마녀로 몰려 사형이 집행된 사람들은 공식 서류에도 사망했다는 기록이 남겨지지 않았다.

왜 세일럼에서 이런 식의 마녀 재판이 있었을까. 신대륙으로 이주한 사람들 중 상당수는 종교의 자유를 추구했다. 식민지 사회에서 종교의 영향력도 구대륙과는 비교하기 어려웠다. 그럼에도 불구하고 비합리적이고 잔혹한 마녀 재판이 다시 출현한 이유는 무엇일까. 그 배경은 간단하지 않다.

⚖

어떤 사회가 위기에 처했을 때, 혹은 외부의 적과 만났을 때 내부의 희생양을 찾아 구성원들의 단결을 이뤄내고 위기를 극복하려고 시도한 것은 역사상 흔히 있던 일이다. 중세 유럽에서 있던 마녀 사냥도 흑사병과 십자군 운동으로 인한 곤경에서 빠져나가기 위해 일어난 것이라는 설이 유력하다.

당시 신대륙의 식민지는 폭발적으로 늘어나는 인구와 이에 따른 경제적인 문제 때문에 혹독한 어려움을 겪고 있었다. 변덕스러운 기후와 병충해는 한 해 농사를 순식간에 망치기 일쑤였다. 한정된 경작지는 기하급수적으로 늘어나는 사람들에게 필요한 식량을 감당할 수 없었다. 이웃 사이에 다툼이 일어났고 특히 인디언과 접경한 서부 지역에서는 분쟁이 끊이지 않았다. 농토를 넓히기 위해서 서쪽으로 진출한 사람들이 인디언과 충돌했기 때문이다.

종교적인 차이는 갈등을 더욱 증폭시켰다. 청교도들은 '하나님의 선택된 백성'인 자신들이 인디언에게 당하는 것을 이해할 수 없었다. 누군가 하나님의 분노를 살 만한 일을 저질렀다는 것으로 밖에는 설명이 되지 않았다. 식민지 사회는 희생양을 찾게 되었다. 마녀재판에서 고발을 한 사람들이 주로 인디언들의 주거지와 경계에 살던 사람들이고 사탄이 인디언의 모습을 하고 있었다는 증언이 나오는 것은 우연이 아니다. 악마가 인디언들의 편에 서 있었다는 것이다. 그리고 당시 사회에서 약자의 위치에 있던 사람들이 악마와 내통한 것으로 몰려 희생당하게 된다. 마녀 재판의 원인은 결국 사회의 어려움을 약한 희생자에게 돌림으로써 만족을 얻으려 했던 것으로 설명할 수 있다.

어떤 사회가 위기에 처했을 때, 혹은 외부의 적과 만났을 때 내부의 희생양을 찾아 구성원들의 단결을 이뤄내고 위기를 극복하려고 시도한 것은 역사상 흔히 있던 일이다. 중세 유럽에서 있었던 마녀 사냥도 흑사병과 십자군 운동으로 인한 곤경에서 빠져나가기 위해 일어난 것이라는 설이 유력하다. 병이 전염된다는 개념조차 없었던 당시의 지식으로는 사람들의 불안감을 잠재우기 어려웠기 때문에 흑사병의 원인을 악마와 내통한 마녀의 짓으로 설명했다는 것이다. 1차 세계대전에 패배한 독일에서 정권을 잡은 히틀러의 유대인 탄압, 냉전 체제 아래에서의 매카시즘의 발호, 관동대지진 당시의 조선인 학살 그리고 9·11 이후 이슬람 교도에 대한 편견과 차별 등 마녀 재판의 역사는 반복되고 있다. 문제는 이러한 사례 중 많은 경우에 법이 희생자를 탄압하는 수단으로 사용되었다는 것이다. 단순히 약자를 괴롭히는 데 그치는 것이 아니라 그러한 행위에 정당성을 부여하는 것이 필요했고 이 과정에서 법률가들이 상당한 역할을 했던 것이다. 법의 역사에서 어두운 기억이 아닐 수 없다.

문제를 더욱더 어렵게 하는 것은 때때로 마녀 재판의 일종이라는 혐의를 받고 비판이 집중된 사건이 결국 그렇지 않다고 밝혀질 때가 있다는 것이다. 사회경제적 이유 때문에 부당하게 희생된 사례로 알려졌던 일이 나중에 발견된 증거로 인해서 예상과는 달리 정당한 것이었다는 사실이 확인될 때가 있다. 이런 사례는 드물지 않게 일어나서 사회 현상을 해석하려는 노력을 더욱 어렵게 만든다. 동서 냉전의 와중에서 있었던 로젠버그 부부 스파이 사건이 그러한 예의 하나다.

로젠버그 부부의 재판을 둘러싼 논쟁이 완전히 끝나지는 않았다. 아내인 에델의 역할은 사형을 당할 만큼 중요한 것이 아니었다는 유력한 주장이 있고, 소련에 넘겨준 기밀도 원자폭탄에 관련된 것은 아니라는 의견도 적지 않다. 부부에게 결정적으로 불리한 증언을 했던 데이비드 그린글러스는 1996년에 이르러 원자폭탄에 관한 자료를 로젠버그에게 넘기지 않았으며, 자신의 아내가 간첩죄로 처벌받는 것을 막기 위해서 위증을 했다고 고백하기도 했다. 특히 재판이 과연 공정하게 이루어졌는지는 아직도 논란의 여지가 많다. 그러나 로젠버그가 소련의 간첩이었던 것은 움직일 수 없는 사실이다.

1951년 3월 6일 줄리어스 로젠버그와 에델 로젠버그 부부에 대한 재판이 시작되었다. 죄명은 간첩죄였다. 원자폭탄에 관한 자료를 비롯해서 국가기밀을 적국인 소련에 넘겨주었다는 혐의였다. 검찰 측 증인으로 나선 사람은 에델 로젠버그의 오빠이자 줄리어스 로젠버그의 처남인 데이비드 그린글라스였다. 일본에 투하한 원자폭탄을 개발한 맨하탄 프로젝트에 참여했던 그는 증언대에 서서 로젠버그 부부에게 국가기밀을 넘겨주었다고 말했다. 로젠버그 부부가 그 정보를 소련에 전했다는 것이다. 줄리어스 로젠버그는 진술거부권을 내세워 자신의 혐의에 대한 질문에 대답을 거부했다. 3월 29일 로젠버그 부부는 배심원들로부터 유죄평결을 받았고, 어빙 카우프만 판사는 그들에게 사형을 선고했다. 카우프만 판사는 판결문에서 로젠버그 부부가 적국에 국가기밀을 넘겨줌으로써 한국전쟁에서 사망한 수백만 명의 죽음에 책임이 있다고 말했다. 로젠버그 부부는 1953년 6월 19일 싱싱 교도소에서 차례로 전기의자에 앉아 형장의 이슬로 사라졌다. 남편인 줄리어스는 첫 번째 전기충격에 사망했지만 아내인 에델은 세 번의 전기충격을 받고서야 사망선고를 받았다. 그들은 미국에서 냉전 중에 간첩죄로 사형이 집행된 단 두 명의 민간인이었다.

로젠버그 재판은 처음부터 언론의 큰 관심을 끌었지만 재판과정에서 무죄를 주장하는 목소리는 높지 않았다. 그러나 재판을 둘러싼 여러 가지 정황들은 논란을 일으키기에 충분했다. 로젠버그 부부를 기소한 검사는 로이 칸이라는 사람이다. 매카시즘의 주역 중 한 사람인 그는 로젠버그 부부를 사형시키는 데 자신이 지대한 공헌을 했다고 떠벌이고 다녔다. 자신의 영향력을 행사해서 어빙 카우프만 판사가 재판을 담당하게 하고 그에게 사형을 선고하라는 압력을 넣었다는 것이다.

로젠버그에 대한 유죄판결은 매카시즘 광풍이 몰아치는 하나의 계기가 되었다. 이러한 상황 속에서 《내셔널 가디언》이라는 신문이 로젠버그 부부가 무죄라는 내용의 기획기사를 싣기 시작했다. 로젠버그 사건의 진실을 밝히기 위한 위원회가 만들어졌고 사람들은 로젠버그의 유죄에 대해서 의심을 품기 시작했다. 로젠버그 재판은 세일럼의 마녀 재판과 비교되었고, 여기에서 영감을 얻은 아서 밀러는 희곡 〈크루서블(The Crucible)〉을 쓰기도 했다. 많은 지식인들이 로젠버그 재판을 냉전 중에 일어난 비극이자 미국 사법의 수치라고 비판했고, 로젠버그 부부가 무죄라고 믿는 사람들의 수는 점점 늘어났다. 사형이 집행되기 전 항의 집회가 줄을 이었고 교황 피우스 12세는 아이젠하워 대통령에게 감형을 요청하는 친서를 보내기도 했다.

로젠버그 부부가 사형을 당한 지 40년이 넘게 지난 1995년, 미국 국가안전보장국(NSA)은 베노마 프로젝트라는 이름의 서류를 공개했다. 소련 스파이들과 KGB 사이에 주고받은 교신을 해독한 기록이었다. 그 중에는 1944년에 뉴욕과 모스크바 사이의 교신이 포함되어 있었다. 처음에는 '안테나'라는 암호명으로, 나중에는 '리버럴'이라는 암호명으로 지칭된 스파이에 관한 내용이었다. 바로 줄리어스 로젠버그를 가리키는 말이었다. 로젠버그가 유죄라는 증거는 여기에서 그치지 않았다. 1990년 니키타 흐루시초프의 자서전이 그의 사후 20년 만에 출간되었다. 흐루시초프는 여기에서 로젠버그 부부를 지칭하면서 "그들은 우리가 원자폭탄의 개발을 앞당기는 데 중요한 공헌을 했다."고 말했다.

로젠버그 부부의 재판을 둘러싼 논쟁이 완전히 끝나지는 않았다. 아내인 에델의 역할은 사형을 당할 만큼 중요한 것이 아니었다는 유력한 주장이 있고, 소련에 넘겨준 기밀도 원자폭탄에 관련된 것은 아니라는 의견도 적지 않다. 부부에게 결정적으로 불리한 증언을 했던 데이비드 그린글라스는 1996년에 이르러 원자폭탄에 관한 자료를 로젠버그에게 넘기지 않았으며, 자신의 아내가 간첩죄로 처벌받는 것을 막기 위해서 위증을 했다고 고백하기도 했다. 특히 재판이 과연 공정하게 이루어졌는지는 아직도 논란의 여지가 많다. 그러나 로젠버그가 소련의 간첩이었던 것은 움직일 수 없는 사실이다.

세일럼에서 일어났던 마녀 재판과 로젠버그 사건을 비교하는 것은 우리에게 많은 생각을 하게 한다. 사회가 어려움에 처했을 때 사람들은 그 책임을 사회적 약자들에게 돌리고 희생자를 찾으려는 경향이 있다. 반면, 그러한 경향을 이유로 사건의 진상을 확인하려는 노력을 게을리 한 채 음모론에만 귀를 기울이는 사람들도 있다. 양쪽 모두 올바른 태도가 아니다. 우리에게도 때때로 위기가 닥치거나 사회적 갈등이 커질 때 사회적 약자에 대한 공격이 이루어진 사례가 있다. 그 과정에서 잘못된 재판이나 판결도 있었다. 그런 일이 벌어지지 않도록 항상 경계해야 한다. 마찬가지로 선입견을 가지고 사건을 바라보는 것도 피해야 할 일이다. 판단을 내리는 것은 객관적인 증거에 의해서 진실을 파악한 다음에 해도 늦지 않다.

2

정의(正義)의 정의(定義)

LA폭동과
두순자 사건

죄인은 벌을 받아야 한다. 의심의 여지도 없다.
하지만 범죄는 한 가지 모습으로 나타나지 않는다. 처벌도 마찬가지다.
―『The Emperor of Ocean Park』, 스티븐 L. 카터

"탕."

1991년 3월 16일 로스엔젤레스 우범지역에 있는 엠파이어 상점에서 한 발의 총성이 울려퍼졌다. 가해자는 두순자라는 쉰한 살의 한인교포, 총을 맞은 사람은 열다섯 살의 라타샤 할린즈라는 흑인 소녀였다.

엠파이어 상점은 두순자 가족이 소유한 가게 두 곳 중 하나였다. 원래 두순자는 다른 곳에 있는 상점에서 일을 하고 엠파이어 상점에서는 남편과 아들이 일을 했었는데 그날은 그럴 수 없었다. 열여섯 살 난 두순자의 아들이 그 지역 갱단으로부터 살해 협박을 받고 있었기 때문이다. 두순자는 아들을 다른 가게에 보내고 엠파이어 상점을 맡았다. 전날 밤 늦게까지 일한 남편은 가게 앞에 주차된 차에서

눈이라도 붙이고 오라고 보냈다.

　흑인 소녀 라타샤가 들어온 것은 두순자가 카운터에서 두 명의 아이들에게 물건 값을 계산해주고 있을 때였다. 라타샤는 주스가 있는 곳으로 가서 오렌지 주스를 한 통 집어 백 팩에 넣더니 카운터 쪽으로 다가왔다. 두순자는 순간 라타샤가 좀도둑이 아닌지 의심을 했다. 좀도둑들은 대개 물건을 주머니나 옷 속같이 보이지 않는 곳에 숨긴 다음 다른 값싼 상품을 들고 와서 계산을 하고 가게를 빠져나가는 습성이 있었다. 라타샤가 주스 값을 지불할 생각이 있다면 백 팩에 넣을 것이 아니라 손에 들고 와야 하지 않겠는가.

　카운터에서 물건 값을 계산하던 두 명의 아이들은 나중에 법정에서, 두순자가 라타샤에게 '도둑년'이라고 욕설을 하면서 백 팩을 빼앗으려고 했고 라타샤는 돈을 내려고 했는데 무슨 소리냐고 대답을 하는 걸 들었다고 증언했다. 두순자의 말은 달랐다. 라타샤에게 오렌지 주스 값을 내라고 했더니 "무슨 주스 말이에요?"라고 되물었다는 것이다.

　정확한 경위야 어떻든 두순자와 라타샤 사이에는 실랑이가 벌어지게 되었다. 두순자가 주스를 빼앗으려고 라타샤의 스웨터를 잡아당기고 라타샤가 저항하면서 가벼운 실랑이는 본격적인 싸움으로 변했다. 라타샤는 주먹을 쥐고 두순자의 눈을 두 차례 때렸고 정통으로 얻어맞은 두순자는 순간적으로 정신을 잃고 카운터 뒤로 넘어졌다. 다시 일어난 두순자가 의자를 집어 던졌지만 빗나갔고 라타샤는 카운터에 주스 통을 내려놓은 다음 땅에 떨어졌던 백 팩을 주워 들고 뒤돌아서서 걸어가기 시작했다. 머리끝까지 화가 난 두순자는 앞뒤 생각 없이 카운터 뒤에 있던 38구경 권총을 꺼내들었고 어찌어찌해서 총집에서 총을 빼낸 다음에 라타샤의 뒤통수를 겨누었다. 다음 순간 총이 발사되었고 머리에 총을 맞은 라타샤는 그대로 쓰러졌다. 라타샤의 손에는 1달러짜리 지폐 2장이 쥐어져 있었다.

두순자는 라타샤가 지역 갱단 멤버인줄 알았다고 주장했다. 실랑이가 벌어졌을 때 자기를 죽이겠다고 협박했을 뿐만 아니라, 아들로부터 들은 10대 갱단 패거리들의 옷차림과 비슷하게 입고 있었기 때문이었다. 그녀가 라타샤를 쏜 권총은 남편이 강도를 당할 때를 대비해서 몇 년 전 친구로부터 구입한 것이었다. 가족들에 따르면 두순자는 한 번도 이 권총을 만져본 적도 없고 어떻게 사용하는지 배운 적도 없었다. 한번은 가게에 들어왔던 강도가 이 권총까지 빼앗아갔었는데, 경찰이 찾아서 두순자의 남편에게 돌려주었다. 로스엔젤레스 경찰청에 소속된 총기 전문가는 이 권총을 빼앗아 갔던 강도가 불법으로 총을 개조했다고 증언했다. 방아쇠가 움직이는 거리를 짧게 단축했고 아주 작은 힘만 가해도 발사가 되도록 만들었다는 것이다. 재판과정에서 두순자는 총을 쏘려는 생각까지는 없었는데 실수로 발사된 것이었고, 자신의 행동은 어디까지나 자신을 폭행하고 물건을 훔쳐가려는 강도에 대한 정당방위라고 주장했지만 배심원들은 두순자가 유죄라고 평결했다. 이제 두순자에게 얼마나 무거운 형을 선고해야 하는지 결정하는 문제만이 남아 있게 되었다.

두순자 사건은 왜 죄를 저지른 사람을 처벌해야 하는가라는 근본적인 문제와 함께 구체적인 사건에 있어서 과연 어떠한 형이 적절한지에 대해 많은 생각을 하게 한다.

두순자는 사건이 일어나기 15년 전인 1976년 남편과 함께 미국으로 이민을 왔다. 그 당시 이민 온 교포 대부분이 그랬듯이 두순자 부부는 먹고 살기 위해서 쉬지 않고 일을 해야 했다. 두순자는 의류공장에 다녔고 남편은 수리공으로 일을 했다. 이민 온 지 10년 후 부부는 마침내 자신들만의 상점을 장만하게 되었다. 1989년에는 두 번째로 사건이 일어났던 엠파이어 상점을 사들였는데, 그러나 이것은 큰 실수로 밝혀졌다.

엠파이어 상점이 있는 지역은 마약상들과 조직폭력배들로 들끓는 곳이었다. 두순자 부부가 가게를 인수한 이후 강도 사건만도 30회 이상 일어났고 사소한 도난사건은 1주일에 40회 가량이나 있었다. 재판과정에서 두순자의 아들인 조셉 두가 증언한 내용에 따르면 물건을 훔치는 사람을 잡아내면 총을 꺼내기 일쑤였고, 수도 없이 죽이겠다거나 가게를 불질러버리겠다는 위협을 받았다고 한다. 한마디로 '전쟁터에서 장사를 하는 것' 같았다는 것이다. 조셉 두는 가게에서 강도행위를 한 범인에 대해 증언을 하겠다고 경찰관과 약속한 일이 있었는데, 그 다음부터 지역 조직배의 살해 위협에 시달려

ⓒ연합뉴스

두순자 사건에서 법정 최고형을 구형한 검사는 형벌이 사회에 미치는 효과를 강조한 것이다. 두순자를 가볍게 처벌하면 흑인사회의 반발을 불러올 것이 분명하기 때문에 중형을 선고해야 한다는 것이 구형이유였다. 그리고 불행히도 그의 이러한 예상은 1년이 지난 후 LA폭동 당시에 적중하고 말았다.

야 했다. 두순자가 라타샤를 보며 두려움을 느꼈던 것은 충분히 이해할 만한 일이었던 것이다.

그렇다면 과연 라타샤는 정말 주스를 훔치려고 했을까. 죽은 사람은 말이 없고 정확한 진상은 영원히 알 수 없다. 두순자에 대한 형을 결정하는 데 참고가 되도록 양형조사관(probation reporter)이 법원에 제출한 보고서가 아마도 가장 객관적 진실에 가깝지 않을까 생각한다. 그 보고서의 내용은 이렇다.

"라타샤는 깨끗하고 잘 꾸며진 침실 세 개짜리 아파트에서 할머니, 형제, 자매, 숙부와 숙모 등 대가족이 함께 살았다. 사건이 나던 해 봄에 브렛 하트 중학교를 우등으로 졸업했고 고등학교에 와서는 평범한 성적을 받았다. 치어리더로 활동을 했고 여름 캠프에서 상담 선생님으로 일했다. 운동에 소질을 보였고 교회 일에도 열심이었다." 한마디로 지극히 평범한 여학생이라는 것이었다. 배심원들이 두순자에게 유죄평결을 내리면서 결국 라타샤를 강도로 볼 수 없다고 결론내렸다.

양형조사관은 두순자의 처지에 대해서도 동정을 표하면서 두순자를 감옥에 가두지 않아도 다른 범죄를 저지를 가능성이 거의 없다고 인정했지만 집행유예보다는 교도소에 수감되어야 한다는 의견을 제시했다. 두순자에게 선고할 형을 정할 판사는 재판을 열고 검사의 의견을 들었다. 담당검사는 법정 최고형을 구형했다. 조금이라도 낮은 형을 선고하면 지역사회에 흑인 소녀의 목숨이 귀중하게 여겨지지 않는다는 메시지를 보낼 우려가 있다는 것이다.

두순자 사건이 형벌을 바라보는 시각을 형성하는 데 좋은 소재가 되는 한 가지 특별한 이유가 있다. 사건의 전모가 가게 안에 설치된 CCTV에 그대로 찍힌 것이다. 나는 2000년 검찰에 재직할 당시 미국 코넬대학교 로스쿨로 1년간 해외연수를 가서 공부를 한 일이 있는데, 강의시간에 이 장면을 본 학생들의 반응을 잊을 수가 없다. 담당교수가 내준 과제는 형벌에 관한 이론과 두순자 사건의 내용을 교과서에서 읽어오라는 것이었고, 강의실에서 학생들은 먼저 책에서 본 내용을 가지고 토론을 벌였다. 두순자가 라타샤에게 총을 쏜 동기가 정확히 무엇인지, 단순히 라타샤의 폭행에 대한 두려움인지, 아니면 과거에 가게에서 강도짓을 하고 아들을 협박한 지역의 갱단에 대한 복수심이 깔려 있었던 것은 아닌지, 두순자가 다시 범죄를 저지를 위험성이 있는지, 중형에 처해야 하는지 아니면 집행유예를 선고하는 것이 맞는지 등 각양각색의 의견이 쏟아져 나왔다. 한동안 학생들의 토론을 말없이 지켜보던 교수는 교실 앞에 설치된 스크린에 범죄현장이 녹화된 동영상을 틀었다. 막연히 머리 속에 그려본 장면을 토대로 토론을 하던 학생들은 심한 충격을 받았다.

열다섯 살의 얌전한 소녀라고 생각했던 라타샤가 두순자를 때리는 장면은 권투시합에서나 볼 수 있을 만한 것이었다. CCTV는 원래 소리가 녹음되지 않는데도 마치 퍽퍽 소리가 들리는 듯했다. 얼굴을 정통으로 두 대 얻어맞은 두순자가 바닥에 쓰러지는 모습은 영화에서도 쉽게 찾아보기 어려울 만큼 적나라하게 폭력적이었다. 두순자가 라타샤를 향해 총을 쏘는 장면은 더욱 충격적이었다. 이미 돌아서서 걸어 나가는 무방비 상태의 소녀를 향해 총이 발사되었고 라타샤는 그대로 그 자리에 고꾸라졌다. 학생들은 비명을 질렀다.

나는 이 짧은 동영상이야말로 형법을 공부하는 사람들이 꼭 보아야 할 중요한 자료라고 생각한다. 수사나 재판과정에서 재구성되는 사건의 모습과 실제로 벌어진 일이 얼마나 차이가 나는지, 직접 목격하지 못한 사건에 대해 생각하고 판단을 내린다는 것이 얼마나 어렵고 조심스러운 일인지 실감나게 보여주기 때문이다. 두순자 사건을 담당한 판사도 물론 이 영상을 봤을 것이다. 그리고 그는 검사의 의견을 물리치고 두순자에게 집행유예를 선고했다.

TV와 영화, 소설에 등장하는 거의 모든 법정 드라마는 피고인이 유죄인지 무죄인지에 초점이 맞춰져 있다. 치밀한 음모의 희생양이 되어 억울한 누명을 쓰고 갇혀 있다가 눈 밝고 성실한 변호인을 만나 무죄판결을 받는 이야기, 혹은 완전범죄를 꿈꾸며 교묘하게 수사망을 피하려는 범인에게 결정적인 증거를 제시하여 대반전을 끌어내는 노련하고 끈질긴 검사나 수사관의 이야기가 주류를 이룬다. 재판을 소재로 한 영화나 드라마를 많이 본 사람들은 거의 모든 사건에서 유죄와 무죄를 다투는 치열한 법정공방이 벌어진다고 생각하기 쉽다. 그러나 현실의 법정은 그렇지 않다. 대부분의 형사재판에서 피고인이 죄를 지었다는 것은 의심의 여지가 없다. 수사과정에서 피의자의 알리바이 주장이나 죄를 짓지 않았다는 항변이 진짜인지 확인해보고 유죄가 확실하다고 판단하는 사건만 기소하기 때문이다. 그 과정에서 대다수의 피고인은 자신의 죄를 인정하고 가능한 한 가벼운 처벌을 받는 데 매달린다.

예전에 어느 책에서인가 우리나라 판사들이 피고인에게 징역형을 선고할 때 6개월 단위로 선고하는 것을 비판한 내용을 본 적이 있다. 징역형을 선고할 때 형량이 1년 미만일 때는 징역 4월, 징역 8월, 징역 10월을 선고하는 경우도 종종 있지만, 1년을 넘어설 때는 1년 6월, 2년, 2년 6월, 3년, 이런 식으로 6개월 단위로 형을 정하는 것이 보통이다. 그 책의 필자는 그런 관행에 불만을 표하면서 실제로 징역을 살아야 하는 사람의 입장에서는 교도소에 한 달을 더 있어야 한다는 것이 참으로 큰 고통인데, 판사들이 별 생각 없이 대충 형량을 정한다고 비판한 것이다. 범죄내용이나 정상참작 사유를 좀 더 정밀하게 검토해서 보다 구체적이고 합리적인 형량을 정해야 한다는 것이다.

징역 475일과 같은 개별화된 형량을 정하는 것이 현실적으로 가능한지는 의문이지만, 저지른 죄와 범죄자의 상황을 가능한 한 자세히 조사해서 필요충분하고 적절한 형을 선고해야 한다는 주장은 귀기울여야 할 내용임에 틀림없다. 결국 형사사법이란 범죄자에 대한 형벌을 정하기 위한 절차이고 정의의 실현이라는 목적은 범죄에 상응하는 정도의 합리적인 형벌을 통해서만 달성될 수 있기 때문이다.

죄를 저지른 사람을 왜 처벌하는가. 얼마나 무겁게 처벌해야 하는가라는 문제를 바라보는 시각은 크게 보아 세 가지가 있다. 우선 첫째는 죄를 저지른 자는 당연히 그에 걸맞는 벌을 받아야 한다고 보는 고전적인 시각이다. 처벌의 정도도 저지른 죄와 같은 정도여야 한다고 본다. '눈에는 눈, 이에는 이'라는 말이 뜻하는 것이 바로 이런 시각이다. 이에 따르면 죄인을 벌하는 것은 정의의 명령이고 형벌은 그 자체가 목적이기 때문에 다른 이유를 찾을 필요도 없다고 한다. 형법학에서 흔히 '응보형주의(應報刑主義)' 또는 '절대형주의'라고 하는데 '사형이 선고된 죄수는 내일 지구가 멸망하더라도 집행해야 한다'는 말은 이런 입장을 잘 표현하고 있다.

고전주의에 대응하는 입장을 '상대형주의'라고 하는데 형벌은 그 자체가 목적이 될 수 없으며, 일정한 목적을 달성하기 위한 기능을 해야 한다는 주장이다. 우선 일반예방주의라는 것이 있다. 죄를 저지른 사람을 처벌하는 것은, 일반인에게 죄를 저지르면 반드시 벌을 받는다는 것을 보여줌으로써 장래의 범죄를 예방하는 데 그 목적이 있다는 것이다. '일벌백계', '시범 케이스'라는 말은 형벌의 이러한 효과를 염두에 둔 것이다. 불법 금융피라미드 회사들이 우후죽순처럼 생겨나서 서민들의 고혈을 짜낼 때 검거된 범인들에게 중형을 선고하고 언론에도 대대적으로 보도하는 것은 잠재적 범죄자들로 하여금 그러한 범죄를 저지르면 무거운 처벌을 받게 된다는 경고를 하기 위한 것이기도 하다.

형벌의 본질에 관한 또 하나의 입장은 특별예방주의라는 학설이다. 형벌의 목적은 범죄를 저지른 사람을 교화해서 다시는 죄를 짓지 않도록 하는 데 있다고 본다. 범죄의 결과보다는 범죄자 개인에게 초점을 맞추고 교화의 정도에 따라 형량을 신축적으로 조절해야 한다고 주장한다.

얼핏 보기에는 세 가지 입장 중에서 특별예방주의가 가장 합리적으로 보인다. 처벌보다 교화를 중시하고 범죄자 개인의 재범 가능성에 초점을 맞춰 구체적이고 신축적으로 형벌을 정해야 한다고 주장하기 때문이다. 그러나 형벌을 이런 식으로만 생각하는 것은 사회의 현실을 무시한 지나치게 단순한 사고이다. 우선 첫째로 형벌이 범죄자를 '교화' 해서 다시는 죄를 저지르지 않도록 하는 데 일정한 역할을 했다는 점을 입증할 실증적인 자료가 없다. 한번 범죄자의 길로 들어선 사람은 교도소를 다녀와서도 또다시 범죄를 저지르는 경우가 허다하고 직업적 범죄자로 살아가는 사람도 많다. 한때 알카트라즈를 비롯하여 엄중한 구금시설이 유행했던 것은 어떤 사람들은 도저히 교화가 불가능하기 때문에 사회를 보호하기 위해서 감금해야 한다는 생각이 반영된 것이다.

특별예방주의의 또 다른 약점은 고대에서부터 내려온 형벌에 대한 사람들의 전통적인 사고와 맞지 않는다는 것이다. 특별예방주의

ⓒ 연합뉴스

 전 세계의 시청자들은 문명국의 대도시에서 공공연하게 상점을 습격하는 폭도들과 재산을 지키려는 한인교포들이 벌이는 총격전을 충격 속에서 지켜보아야만 했다. 수많은 교포들의 가게가 불탔고 많은 사람들이 죽었다.

를 극단적으로 밀고 나가면 재범의 위험성이 없는 사람을 처벌할 근거를 찾기 어려워진다. 뇌물을 받은 것이 발각된 공무원의 직위를 박탈하고 다시는 공무원으로 임명되지 못하도록 하면, 그는 다시는 뇌물죄를 저지르지 못할 것이다. 하지만 그렇다고 해서 뇌물을 받은 사람을 처벌하지 않을 수는 없다. 죄를 저지르면 그에 맞는 처벌을 받아야 한다는 것은 형벌에 대해 모든 사람이 가지고 있는 가장 기본적인 사고이다.

그러므로 결국 형벌에 대해서는 앞에서 말한 세 가지 입장을 모두 고려하지 않을 수 없다. 죄를 저지른 사람은 처벌을 받아야 한다는 고전주의적 사고를 바탕에 깔고 범죄자 개인에게 가장 적절한 형을 선택하면서 동시에 그러한 형벌이 사회에 미치는 영향에도 주의를 기울여야 한다.

두순자 사건에서 법정 최고형을 구형한 검사는 형벌이 사회에 미치는 효과를 강조한 것이다. 두순자를 가볍게 처벌하면 흑인사회의 반발을 불러올 것이 분명하기 때문에 중형을 선고해야 한다는 것이 구형이유였다. 그리고 불행히도 그의 이러한 예상은 1년이 지난 후 LA폭동 당시에 적중하고 말았다.

백인 경찰관들이 로드니 킹이라는 흑인을 무자비하게 구타한 사건으로 촉발된 LA폭동의 주요 희생자는 엉뚱하게도 한인교포들이었다. 흑인들은 교포들이 경영하는 가게를 습격해 약탈했고 한인들은 이에 맞서 대항했지만 엄청난 인명과 재산 피해를 입었다. 전 세계의 시청자들은 문명국의 대도시에서 공공연하게 상점을 습격하는 폭도들과 재산을 지키려는 한인교포들이 벌이는 총격전을 충격 속에서 지켜보아야만 했다. 수많은 교포들의 가게가 불탔고 많은 사람들이 죽었다. 흑인들이 교포들을 공격한 배경에는 여러 가지 이유가 있겠지만, 두순자 재판의 선고내용을 놓고 흑인사회가 한인교포에 대해 반감을 가진 것이 직접적인 원인이 되었다. 평범한 가게 주인 여자에 대한 판결의 반향이 고스란히 교포사회의 피해로 이어졌던 것이다.

그렇다면 과연 두순자에게 집행유예를 선고한 판사의 결정은 잘못된 것이었을까.
대부분의 법학자들은 그렇지 않다고 생각한다. 형벌은 개인에 대한 것이지 사회적인 목적을 달성하기 위한 것이 아니기 때문이다. 만일 판사가 흑인사회의 반응을 고려해서 두순자에게 중형을 선고했다면 그것이야말로 잘못된 결정이었을 것이다. 그러한 결정은 개인에 대한 처벌을 목적이 아닌 수단으로 보는 것이기 때문이다. 인간은 어떠한 경우에도 다른 목적을 위한 수단이 될 수 없으며, 그것은 범죄를 저지른 경우에도 마찬가지이다.
두순자 사건 재판이 끝난 지 17년이 지났다. 법정 최고형을 구형한 검사의 의견과 달리 판사는 집행유예를 선고했지만, 그 사건 이후 두순자는 다시는 어떠한 범죄도 저지르지 않았다. 판사는 적절한 형량을 선고했던 것이다.

패리스 힐튼의
교통사고

...

에밀이 소리쳤다. "이 작자는 아까부터 거짓말만 하고 있어요!
그건 제 돈입니다. 전 제 돈을 다시 찾아야 한다고요."
지불계 직원이 설명했다.
"그렇지만 얘야, 네 말이 맞다고 해도 일이 그렇게 간단하지가 않아.
네 돈이라는 걸 어떻게 증명할 수가 있겠어?
네 이름이 쓰여 있니? 아니면 지폐 번호를 알고 있니?"
—『에밀과 소년 탐정들』, 에리히 케스트너

〈하버드 대학의 공부벌레들〉은 존 J. 오스본이 쓴 소설인데 영화와 TV 시리즈로 만들어져 많은 사람들에게 로스쿨의 수업모습을 엿볼 수 있게 한 작품이다. 주인공인 하트를 비롯한 로스쿨 1학년 학생들은 킹스필드 교수의 계약법 강의를 들으면서 질문에 대답을 하느라 쩔쩔맨다. 물론 킹스필드 교수는 실력과 명성에서 타의 추종을 불허하는 전설적인 교수로 나오지만, 로스쿨에서 수업시간에 교수가 어려운 질문을 던지고 학생들은 진땀을 흘리면서 자기가 지목당하지 않기만을 바라는 것은 드문 일이 아니다. 소위 '소크라테스식 교수법'이라고 하는 로스쿨 특유의 강의 방식이 그렇게 가르치는 것이기 때문이다.

우리나라 법과대학에서는 이론 위주의 교과서를 사용하는데 비해 미국 로스쿨에서는 대부분 사례 위주로 되어 있는 교과서를 쓴다. 예를 들어 형법 교과서를 보면 우리 교과서에는 범죄란 무엇인지 일반적인 설명이 되어 있고, 구체적인 범죄에 대해서도 살인죄, 절도죄, 사기죄 등 죄명별로 개념과 성립요건이 적혀 있는 식이다. 이에 비해 미국의 교과서는 실제로 있었던 사건의 판결문이 실려 있고 아주 간단한 설명이나 생각해보아야 할 과제가 연습문제 형식으로 몇 개 덧붙여져 있을 뿐이다.

공부할 분량이 살인적으로 많고 경쟁이 치열하기로 유명한 로스쿨 학생들은 밤을 새워가며 다음 번 강의를 예습하는데, 교과서에는 판례만 적혀 있기 때문에 원리를 쉽게 이해하기가 쉽지 않다. 일단 교과서에 실린 사건내용을 외워가서 교수의 질문에 대답을 하면서 자연스럽게 원리를 익혀야 한다. 그러나 이게 생각처럼 쉽지 않다. 교수는 교과서에 실린 사건내용을 자유자재로 바꿔서 가상의 사건을 만들고 학생들에게 까다로운 질문을 던진다.

수업시간에 질문을 받고 대답을 잘못해서 웃음거리가 된 이야기는 수없이 많다. 로스쿨 학생들은 어떻게 해서든지 그런 이야기의 주인공이 되지 않기를 바란다. 교수한테 지명당하는 것을 피하기 위한 미신도 많다. 아침에 등교를 하다가 학교 창립자의 초상화를 보게 되면 그날 꼭 질문을 받기 때문에 실수로라도 시선이 그쪽으로 향하지 않도록 조심해야 한다는 식이다. 우습게 들리긴 하지만 한번 지명을 당하면 한참 동안 날카로운 질문 공세에 시달려야 하기 때문에 학생들의 두려움이 이해가 안 가는 것은 아니다. 미국에서 특히 발달한 증거법 수업에서도 마찬가지로 소크라테스식 교수법을 사용한다. 교수가 사례를 던지는데 이런 식이다.

패리스 힐튼이 50만 달러짜리 페라리를 몰고 나이트클럽에 가고 있었다. 교차로에서 학비를 벌기 위해 자전거를 타고 신문을 돌리던 고학생 해리 포터를 치었다. 손해배상 재판이 열린다. 쟁점은 누가 신호를 위반했느냐는 것이다. 서로 상대방이 신호를 위반했다고 주장하는 것이다.

배심재판이 열리기 전에 양쪽 변호사와 판사가 모여 재판에서 어떤 증거를 제시할지 논쟁을 벌인다. 해리 포터의 변호사는 배심원들 앞에서 패리스 힐튼이 50만 달러짜리 페라리를 타고 있었다는 사실, 해리 포터는 어려서 부모를 잃은 불우한 학생으로 호그와트 마법학교에 낼 학비를 벌기 위해서 매일 새벽 자전거를 타고 신문을 돌리는 성실한 학생이라는 설명을 하고 싶어한다.

패리스 힐튼의 변호사는 말도 안 되는 소리 하지 말라고 펄쩍 뛴다. 배심원들이 그런 설명을 들으면 누가 신호를 위반했는지 신중하게 따지기보다는 돈 많고 나이트클럽이나 다니는 힐튼에게 불리한 결정을 할 게 뻔하다고 주장한다. 차의 종류나 가격, 패리스 힐튼이 나이트에 가던 중이었고 해리 포터는 신문을 돌리고 있었다는 사실은 누가 신호를 위반했는지 판단하는 것과는 아무런 상관이 없으니 배심원들에게 알려주어서는 안 된다고 주장한다.

해리 포터의 변호사는 코웃음을 친다. 그러면 교통사고 사건재판을 하면서 차종이 뭔지도 말을 못 하고 '종류를 밝힐 수 없는 승용차가 자전거와 충돌했다'라는 식으로 설명해야 하느냐고 반박한다. 그리고 매일 신문배달을 해왔다는 사실은 평소에 그곳 교통상황을 잘 알고 있다는 근거가 되기 때문에 알려줘야 하고 패리스 힐튼이 나이트클럽을 가고 있었다는 사실은 그 당시 심리상태를 짐작하게 해주는 자료가 되기 때문에 배심원들이 알아야 한다고 주장한다. 패리스 힐튼의 변호사는 나이트클럽을 가는 심리와 신호위반이 도대체 무슨 관계가 있느냐고 소리를 지른다.

이 시점에서 교수는 그날의 희생자를 찍어서 묻는다. "자네가 판사라면 어느 편 변호사의 손을 들어주겠나." 지목을 당한 학생이 떨리는 목소리로 대답을 하면 교수는 반대쪽 논리를 조리 있게 전개하면서 학생을 궁지로 몰아넣는다. 영화 제목으로도 유명한 '데빌스 애드버킷(devil's advocate-악마의 변호사)'은 여기서 쓰이는 용어다. 학생이 정답을 말하더라도 잘못된 답 쪽의 논리를 들이대면서 토론 연습을 시키는 것이다.

그런데 증거법 수업에서 이런 사례가 나온다는 것은 어떻게 생각하면 이해가 안 가는 일이다. 물론 패리스 힐튼이 값비싼 명차를 타고 있었다는 것과 누가 신호위반을 했는지 판단하는 것은 전혀 별개의 문제다. 그녀가 나이트클럽에 놀러 가던 길이라고 해서 신호를 위반했을 가능성이 높다고 하는 것이 논리적으로 말도 안 된다는 건 누구나 잠깐만 생각하면 알 수 있다. 그럼에도 불구하고 패리스 힐튼의 변호인은 필사적으로 그런 사실을 재판에서 공개하면 안 된다고 주장한다. 그 이유는 무엇일까. 바로 배심재판 때문이다.

미국은 증거법이 고도로 발달한 국가이다. 우리나라는 민사소송법이나 형사소송법의 한 부분으로 다루어지는 증거에 관한 이론이 미국에서는 독립된 별도의 학문으로 존재하고 수많은 논문과 판례가 나오고 있다. 그 이유는 법학을 전공하고 고도로 훈련된 직업 법관이 아닌 일반 시민으로 이루어진 배심원들이 재판을 하기 때문이다. 미국 로스쿨에서 가장 많이 쓰이는 증거법 교과서 중 하나[2]를 보면 제일 첫 번째 나오는 제목이 '왜 증거법이 있어야 하는가'이고 그 이유로 배심원들에 대한 불신을 들고 있다. 배심재판이 어느 곳보다도 발달했고 국민들이 배심제도에 대해서 강한 자부심을 느끼고 있는

---

[2] *Evidence under the Rule*, fourth edition, Christopher B. Muller, Laird C. Kirkpatrick, Aspen Law & Business, 2000.

미국사회에서 정교한 증거법이 만들어진 이유가 배심원들에 대한 불신이라는 것은 아이러니가 아닐 수 없다. 하지만 재판에 익숙하지 못한 배심원들은 증거에 대해 논리적으로 판단하지 못하고 편견이나 선입견을 갖는 경우가 많기 때문에 정교한 증거법 규정을 통해서 배심원들에게 제시되는 증거를 세심하게 골라내야 된다고 한다.

일반 시민으로 구성되는 배심원이 법률가들보다 편견이나 선입견을 갖기 쉽다는 말은 얼핏 배심재판을 하는 이론적 근거와 모순되는 것처럼 보인다. 원래 배심제도의 기본적인 전제는 사실관계를 판단하는 데에는 일반인이나 법률가나 차이가 없다는 것이다. 법률 이론이나 원리는 물론 전문가인 법률가에게 맡기는 것이 합리적이겠지만, 실제로 어떤 사람이 도둑질을 했는지, 교통사고 사건에서 누가 신호를 위반했는지 판단하는 것은 판사라고 해서 일반인보다 더 잘 판단한다고 볼 특별한 이유가 없다고 보는 것이다. 그렇지만 배심원에 대한 그런 무조건적인 신뢰는 경험적으로 볼 때 순진한 것이고 어떤 의미에서 위험하기까지 하다.

폭행사건 재판을 예로 들어보자. 밤중에 아무도 없는 거리에서 술에 취해 싸운 두 사람이 등장해서 서로 자기는 상대방을 때리지 않았는데 억울하게 폭행을 당했다고 주장한다. 그때 한 명이 상대방의 전과기록을 증거로 제출한다. 몇 년 전의 일이기는 하지만 상대방에게는 공금횡령, 사기 등 여러 차례의 전과가 있다는 것이다. 그에 비해 자기는 아무런 전과도 없는 사람이니 자기 말을 믿어야 한다고 주장한다.

논리적으로 볼 때 횡령이나 사기 전과가 있다고 해서 폭력적인 성향이 더 강하다고 보기는 어렵다. 과거에 잘못을 저지른 적이 있다고 해서 거짓말을 할 가능성이 반드시 높다고 할 수도 없다. 하지만 전과가 있다는 사실은 그 사람에 대해 나쁜 인상을 심어주기에 충분하다. 훈련된 법관들도 전과자들의 말을 잘 안 믿어주는 경향이 있다는 불평을 듣는데, 하물며 경찰서 근처에 가본 적도 없는 평범한 시민들이 전과가 있다는 사실에 영향을 받지 않기를 기대하는 것은 무리한 일이다. 그렇기 때문에 배심재판을 실시하는 국가에서는 전과기록을 증거로 제시하는 것을 엄격하게 제한하는 경우가 많다.

그렇다면 편견이나 선입견을 심어줄 수 있는 증거는 무조건 사용하지 못하도록 해야 할 것인가. 그렇게 말할 수는 없다. 어떤 증거라도 편견을 줄 위험성이 전혀 없다고 할 수는 없는데, 만일 그런 증거를 모두 제외해야 한다면 결국 올바른 판단을 내리기 위한 자료가 부족하게 될 것이다. 패리스 힐튼의 변호사가 말한 것처럼 '종류를 밝힐 수 없는 승용차가 자전거와 충돌했다'라고 설명을 할 수는 없다. 배심원들이 여성에 대한 편견이 있을지 모른다고 해서 패리스 힐튼의 이름을 가명으로 하거나, 사고로 다친 미성년자에 대한 동정심 때문에 냉정한 판단을 하지 못할 위험성이 있다고 해서 해리 포터의 나이를 감추는 식으로 나가면 결국 배심원들에게 말해줄 수 있는 것은 아무 것도 남지 않게 될 것이다.

직업적으로 재판을 하는 훈련된 법관과 달리 일반 시민으로 구성된 배심원이 핵심 쟁점을 파악하지 못하고 인상이나 선입견에 의해 영향을 받기 쉬운 것은 부정하기 힘든 사실이다. 법정에서 한 치의 양보도 없는 공방을 벌여야 하는 변호사들은 이러한 상황을 이용하기도 하고, 적어도 손해는 보지 않도록 신경을 쓴다.

시드니 셀던의 소설 〈천사의 분노〉에는 신출내기 여자 변호사가 처음 배심재판에 나가면서 옷을 고르는 장면이 나온다. 그녀의 기준은 '남성 배심원들이 매력을 느낄 만큼 화사하게, 그러나 여성 배심원들이 질투를 느낄 만큼 지나치게 화려하지는 않은' 옷을 입는 것이다. 물론 변호사의 외모에 따라 배심원들의 결정이 달라진다고 보는 것은 지나친 생각이라고 할 수도 있겠지만, 현실에 존재하는 위험을 무조건 무시할 수 있는 것은 아니다.

비단 옷차림이나 외모의 문제만은 아니다. 법정공방이 있는 영화에 빠짐없이 등장하는 장면이 있다. 바로 검사와 변호사가 서로 상대방의 주장에 격렬하게 반발하면서 "이의 있습니다!"라고 외치는 장면이다. 재판에서 이의를 제기하는 데에는 여러 가지 다양한 이유가 있지만 가장 중요한 것은 증인에 대한 질문이 배심원들에게 편견을 줄 만한 대답을 유도하는 경우이다. 예를 들어 배심재판이 시작되기 전에 패리스 힐튼이 타고 있던 페라리의 가격은 배심원들에게 알려주지 않기로 합의를 했는데도 불구하고 해리 포터의 변호사가 증언대에 선 패리스 힐튼에게 불쑥 "사건 당시 타고 있던 페라리는

ⓒ연합뉴스

그렇다면 배심재판은 잘못된 제도일까. 오류를 저지르기 쉬운 배심원보다는 직업 법관이 재판을 하는 제도가 훨씬 우수한 것일까. 반드시 그렇다고 볼 수는 없다. 배심원들을 상대로 재판을 하면 자연스럽게 법정에서 사용하는 용어도 누구나 이해할 수 있는 말들로 바뀌게 되고 분쟁의 당사자들도 자기 재판이 어떻게 진행되는지 보다 쉽게 알 수 있게 된다. 사진은 국내 사법 사상 처음으로 국민참여재판이 열린 대구지방법원 모습이다.

도대체 가격이 얼마나 합니까?"라고 묻는다면 힐튼의 변호사는 이의를 제기하게 된다.

물론 미리 합의되지 않은 질문에 대해서도 이의를 제기하는 경우가 많은데, 재판을 진행하는 판사는 그때그때 질문의 내용을 판단해서 이의를 받아들이기도 하고 기각하기도 한다. 문제는 상대방이 부당한 질문을 한다고 해서 반드시 이의를 제기하는 것이 유리하지는 않다는 것이다.

재판이 장시간 계속되면 배심원들도 자연히 지루함을 느낀다. 처음에는 성실하게 변론을 듣다가도 같은 주장이 되풀이되는 것을 듣다보면 심지어 조는 배심원들도 나온다. 그럴 때 이의를 제기하면 상대방의 부당한 질문에 오히려 배심원들의 주의를 집중시키는 역효과를 낼 수도 있다. 해리 포터의 변호사가 합의를 깨고 짐짓 잊어버린 듯 페라리의 가격을 물어볼 때 힐튼의 변호사가 이의를 제기하면 물론 판사는 이의를 받아들여서 답변을 하지 말라고 지시하겠지만, 그 순간 배심원들은 패리스 힐튼이 타고 있던 차의 가격에 관심을 집중하는 것이다. 머릿속으로 도대체 얼마나 비싼 차를 타고 다니기에 저렇게까지 숨기려고 하는 것일까 하는 의문을 가질지도 모른다. 그런 이유 때문에 때로는 부당한 질문인줄 알면서도 울며 겨자 먹기로 이의를 제기하지 못하는 경우도 생긴다.

그렇다면 배심재판은 잘못된 제도일까. 오류를 저지르기 쉬운 배심원보다는 직업 법관이 재판을 하는 제도가 훨씬 우수한 것일까..

반드시 그렇다고 볼 수는 없다. 배심원들을 상대로 재판을 하면 자연스럽게 법정에서 사용하는 용어도 누구나 이해할 수 있는 말들로 바뀌게 되고 분쟁의 당사자들도 자기 재판이 어떻게 진행되는지 보다 쉽게 알 수 있게 된다. 우리의 재판이 정밀 사법이라는 말을 들을 정도로 결론에 있어서 우수하다는 평가를 받음에도 불구하고 국민들로부터 충분한 신뢰를 받지 못하는 것은 평범한 시민이 이해하기 어려운 재판진행에도 한 원인이 있다. 여러 가지 약점이 있지만 일반 시민이 참여하는 재판을 시행하면 사법에 대한 신뢰를 높이는 데에는 큰 도움이 될 것이다. 배심재판에 따르는 위험성은 보다 정밀한 법 규정을 마련하고 실력 있는 법률가를 양성하는 방법으로 극복해갈 수 있을 것이다.

　오랜 논의 끝에 드디어 우리나라에도 2008년부터 배심재판이 도입되었다. 아직은 배심원들의 평결이 권고적인 효력을 가질 뿐이지만 5년 정도의 시험기간을 거치면 일반 시민들이 본격적으로 판결내용을 결정하게 된다. 단순히 재판과정에 시민이 참여한다는 의미를 넘어서 실질적으로 배심재판이 정착하기 위해서는 우리의 증거법 체계도 보다 정교하고 치밀해져야 한다. 물론 배심원으로 재판에 참여하는 시민들이 편견이나 선입견의 함정에 빠지지 않도록 스스로 경계하는 것은 무엇보다도 중요한 요소가 될 것이다.

연쇄성폭행범과 미란다 경고

....

수사관 : 그리고 피의자로서 자신의 권리를 충분히 이해하고 있다는 사실을 증명하기 위하여, 여기 증인으로 나와 있는 경찰관 H. 힐킨스가 참석한 자리에서 이 서류에 자필 서명해주시기 바랍니다.

해스킨스 : 이봐요, 두 양반. 나는 얘기를 하고 싶어요. 기꺼이 다 불겠다니까. 불고 싶어서 미치겠다구. 그러니까 이제…….

수사관 : 여기에 서명해 주시겠습니까?

해스킨스 : 기꺼이, 기쁜 마음으로! 그 빌어먹을 것을 이리 줘요.

수사관 : 그리고 또 하나의 진술서가 있습니다.

해스킨스 : 오오, 토미, 난 정말…….

수사관 : 이 두 번째 진술서는 당신이 첫 번째 진술서에 서명함에 있어서 신체적인 위협을 받지 않았으며, 당신의 자유의사와 의지에 의해서 서명했으며, 당신의 처벌에 대한 어떤 약속도 들은 바가 없음을 선언하는 내용입니다. 또한 당신이 말하고, 확인하고, 선언한 바……

해스킨스 : 토미, 이래가지고서야 어떤 빌어먹을 놈이 자백할 맘이 나겠어?

―『앤더슨의 테이프』, 로렌스 샌더스

"피의자에게는 묵비권이 있습니다. 당신이 말한 것은 법정에서 불리한 증거로 사용될 수 있습니다. 변호인을 선임할 권리가 있고 조사받는 동안 변호인을 참여시킬 수도 있습니다. 만일 변호인을 선임할 능력이 없다면 국가가 변호인을 제공할 것입니다."

영화나 소설에서 경찰관이 범인을 체포할 때 빠짐없이 하는 말로, 이것을 미란다 경고라고 한다. 여기에 미란다라는 사람의 이름이 붙게 된 데에는 사연이 있다. 용의자를 체포할 때 반드시 이런 설명을 해줄 의무가 있다는 것이 어네스트 미란다라는 사람의 재판을 통해서 인정되었기 때문이다. 형사사법 사상 가장 위대한 판결의 하나로 손꼽히는 이 판결에 등장하는 미란다는, 그러나 한마디로 쓰레기 같은 인간이다. 연쇄성폭행범일 뿐만 아니라 범행내용도 치졸하기 이를 데 없다.[3]

1962년 12월 27일 밤, 애리조나 주 피닉스 시에서 귀가하던 한 여자 은행원이 괴한을 만났다. 근무를 시작한 지 두 달 남짓한 피해자는 저녁 8시 30분에 끝나는 교육과정을 마치고 집으로 돌아가기 위해 주차장으로 걸어갔다. 막 차문을 열고 운전석에 앉으려는 순간, 어둠 속에서 깡마르고 키가 작은 괴한이 나타났다. 괴한은 피해자의 옆구리에 칼을 들이대면서 피해자를 조수석으로 밀어붙이고 운전석

---

[3] 미란다 사건의 자세한 내용은 Miranda, *The Story of America's Right to Remain Silent*, Gary L. Stuart, The University of Arizona Press(2004)를 참조한 것이다.

에 올라타서 시동을 걸었다. "소리를 지르면 죽이겠다."고 협박하며 좁은 골목으로 차를 몰고 간 괴한은 시동을 끄고 피해자에게 예쁘게 생겼다고 하면서 바짝 다가앉았다. 블라우스를 벗기려고 하면서 허벅지를 더듬는 괴한에게 피해자는 제발 살려달라고 하소연했다. 피해자는 처음에는 조심스럽게 저항했지만, 곧 괴한도 긴장하고 있다는 것을 느끼고 강력하게 반항하기 시작했다. 잠시 몸싸움이 이어졌지만 결국 괴한은 성폭행을 포기하고 피해자의 지갑에 있던 돈을 꺼내서 어둠 속으로 사라졌다. 괴한이 가져간 돈은 8달러였다.

얼마 후 비슷한 사건이 다시 일어났다. 첫 번째 사건이 일어난 지 석 달 가까이 지난 어느 날, 18세의 전화회사 여직원이 밤 근무를 마치고 차에 타려고 할 때였다. 키가 작고 마른 남자가 어둠 속에서 나타나 목에 칼을 들이대면서 돈과 차를 요구했다. 남자는 그 이상의 것을 원했는지 피해자의 옷을 찢기 시작했지만 피해자가 비명을 지르자 그대로 도망쳤다. 피해자는 범인이 처음부터 떨고 있는 것처럼 보였고 소리를 지르자마자 겁을 먹고 도망갔다고 말했다.

포기를 모르는 범인은 일주일 후 다시 한 번 범행을 시도했다. 이번 희생자는 시내 극장에 근무하는 18세의 매표원이었다. 밤 11시 45분, 피해자는 집 근처 정류장에서 버스를 내려 집으로 걷고 있었다. 갑자기 차 한 대가 옆으로 다가오더니 괴한이 내렸다. 피해자에게 다가온 괴한은 날카로운 흉기를 목에 들이대고 소리지르면 죽여 버리겠다고 협박을 했다. 피해자를 차에 태운 범인은 인적이 드문 곳으로 차를 몰고 갔다. 이번에는 범인이 망설이지도 않았고 겁에 질려 도망치지도 않았다. 범인은 자동차 뒷좌석에서 피해자를 강간한 다음 다시 피해자의 집 근처로 차를 몰고 와서 내려놓고 떠났다.

피닉스 시 경찰은 처음부터 세 사건의 범인이 동일인일 것이라고 추정했다. 피해자들이 기억하는 범인의 외모가 똑같았고 범행에 사용된 흉기는 세 번 모두 작은 칼이었다. 범인의 행동이나 말투도 비슷했다. 그러나 단서가 없었다. 세 번째 피해자는 범인의 차를 보았지만 번호를 확인하지는 못했고 단지 '문이 네 개 달린 승용차'라는 것만 기억했다. 범인을 잡을 가능성은 극히 희박했다.

사건의 실마리는 의외로 범인 자신의 어리석은 행동에서 풀리기 시작했다. 세 번째 범행의 피해자에게는 사촌오빠가 있었는데, 그 사건 이후 사촌오빠는 동생을 위해 버스 정류장으로 마중을 나가곤 했다. 그러던 어느 날 수상한 승용차 한 대가 피해자가 타고 온 버스 주변에서 속도를 늦추는 것을 발견하게 된다. 그 승용차는 잠깐 사라졌다가 다시 나타나서 귀가하던 피해자와 사촌오빠 옆으로 접근하다가 사촌오빠가 쫓아가자 달아나버렸다. 피해자의 사촌오빠는 번호판 전체를 보지는 못했지만 차의 종류는 정확히 알아보았다. 1953년형 패커드 승용차였다. 이튿날부터 피닉스시 경찰은 비슷한 번호판의 패커드 승용차 소유자들을 수소문하기 시작했다. 얼마 지나지 않아 그들은 피해자의 사촌오빠가 목격한 번호와 똑같지는 않지만 비슷한 번호판을 단 차를 찾아냈다. 그 차의 주인인 트월라 호프만이라는 여자는 동거하는 남자가 가끔 자기 차를 빌려 탄다는 진술을 했다. 그 남자의 이름은 어네스트 미란다였다.

처음 경찰관들과 대면한 미란다는 범행을 부인했다. 세 번째 범행이 벌어진 날에는 야근을 했고, 첫 번째와 두 번째 사건도 알지 못한다는 것이었다. 경찰관들은 미란다를 경찰서로 데리고 가서 조사실에 기다리게 한 다음 한쪽에서만 볼 수 있는 유리창을 통해서 피해자들에게 확인을 시켰다. 결과는 실망스러웠다. 경찰서에 온 피해자들은 여러 명의 용의자 중에서 미란다가 범인인 것 같다고 지목했지만 확신할 수는 없다고 말한 것이다. 범인과 같은 종류의 차를 가끔 탄다는 것, 그 차의 번호가 목격자가 보았다는 차번호와 똑같지는 않지만 비슷하다는 것, 그리고 피해자들이 '아마도' 범인이 맞는 것 같다고 진술하는 것, 이 정도의 증거로는 미란다를 기소할 수 없었다. 그러나 실력 있는 경찰관이라면 이 정도 난관에 굴하지 않는다.

미란다가 대기하던 방으로 들어간 담당 경찰관은 한눈에 미란다가 불안해하는 걸 눈치챘다. 노련한 수사관들은 절대 자신 없는 태도를 보이지 않는다. 사건의 진상에 대해 실제로 아는 것보다 항상 더 많이 아는 것처럼 확신에 찬 표정을 짓는다. 초조하게 경찰관의 얼굴을 바라보던 미란다는 이렇게 물었다.

"어떻게 됐나요? 경찰관님."

"글쎄, 별로 좋지 않은걸."

"피해자들이 저를 알아보던가요?"

"그래, 바로 알아봤어."

이 말을 들은 미란다는 잠시 주저하더니 "그렇다면 제가 자백을 하는 편이 낫겠군요."라고 말했다. 뜻밖의 쾌거에 담당 경찰관은 놀라움을 감추면서 진술서를 준비했다. 인쇄된 진술서 양식은 다음과 같다.

"저, _____는 이 자리에서 아무런 협박이나 강요나 혹은 대가 없이, 자발적으로 다음의 사실을 진술합니다. 저는 저의 법적인 권리를 잘 알고 있으며 저의 진술이 저에게 불리한 증거로 쓰일 수 있다는 것을 이해합니다. 저, _____는 ___세이며 ___년간 학교 교육을 받았습니다."

이 양식의 빈자리를 채운 미란다는 그 아래 다음과 같은 내용을 자필로 쓴다.

"거리를 걸어가는 여자를 보고 그 앞에 차를 세웠습니다. 여자에게 다가가서 팔을 잡고 차에 타라고 말했습니다. 차에 타서는 여자의 팔과 다리를 묶었습니다. 몇 마일 차를 몰고 간 다음 옷을 벗으라고 했는데 말을 듣지 않고 집에 보내달라고 해서 제가 옷을 벗겼습니다. 여자에게 누우라고 한 다음 성기를 삽입했는데 반 인치 정도 집어넣은 것 같습니다. 옷을 입으라고 한 다음에 집에 데려다줬습니다. 여자한테 미안하다고 말하지는 못했지만 저를 위해서 기도해달라고 했습니다."

사건은 깨끗이 해결되었다. 고문을 하지도 않았고 자백을 강요하지도 않았다. 물론 가벼운 속임수를 쓴 것은 사실이지만 연쇄성폭행범에게 그 정도 수단도 사용을 못하겠는가. 미란다 사건 수사를 담당했던 경찰관은 재판과정에서 자백을 받아내게 된 경위를 솔직하게 인정했다. 미란다는 첫 번째, 두 번째 범행도 깨끗이 자백했다. 피해자들과 대면해서도 범행을 인정했고 미란다의 자백을 들은 피해자들도 이제 그가 범인임을 확신할 수 있다고 말했다. 사건은 종결되었고 미란다가 처벌을 받으리라는 것은 의심의 여지도 없었다.

재판과정에서 미란다의 변호인은 경찰관을 증인으로 신청했다. 미란다가 자백을 하기 전에 변호인을 선임할 권리가 있다고 말해주었느냐는 질문에 경찰관은 그런 얘기를 해주지는 않았다고 인정했다. 자백이 불리한 증거로 사용될 수 있다고 직접 말을 해주었느냐는 질문에도 그런 얘기를 따로 해주지 않았다고 대답했다. 미란다의 변호인은 경찰관이 미리 미란다에게 변호인 선임권을 알려주지 않았기 때문에 미란다의 자백은 자발적인 것이 아니며 따라서 증거로 사용할 수 없다고 주장했다.

그러나 변호인의 주장은 받아들여지지 않았다. 미란다를 조사한 경찰관은 법 규정을 어기지 않았고 피의자를 부당하게 대우하지도 않았다. 부드러운 말투를 사용했고 협박이나 회유는 전혀 없었다. 거칠고 위험하기 짝이 없는 강력범을 조사해야 하는 경찰관에게 먼저 변호인 선임권을 설명해주라는 것은 상식에도 맞지 않는 것 같았다. 미란다는 유죄판결을 받았다.

수사관들이 변호인을 싫어하는 것은 어찌 보면 지극히 자연스럽다. 다른 무엇보다도 변호인들은 피의자들에게 수사관들의 질문에 대답을 하지 말라고 충고하기 때문이다. 진술을 하는 것은, 일반적으로 피의자에게 불리하다. 반대로 말하자면 범죄를 수사해야 하는 쪽에는 절대적으로 유리한 상황이다. 질문에 맞춰 변명을 하려다보면 누구나 실수를 하게 마련이고 수사관은 이를 단서로 새로운 질문을 생각해낼 수 있기 때문이다. 실제로 수사를 하다보면 가장 답답한 경우가 질문에 전혀 대답을 하지 않거나 사리에 맞지 않은 엉뚱한 말을 하는 때다. 때때로 범죄혐의가 명백한 때에는 자백하는 것이 훨씬 유리하다고 말하는 사람들이 있다. 물론 대부분의 국가에서 자백을 하고 죄를 뉘우치는 피고인은 그렇지 않은 경우보다 가벼운 처벌을 받는 것은 보통이다. 그러나 그런 결정은 변호인과 함께 수사상황을 파악하고 나서 해도 늦지 않다.

지금은 피의자가 진술을 거부할 수 있다는 것이 당연한 것으로 받아들여지지만, 애초부터 그랬던 것은 아니다. 흔히 사극에 등장하는 원님 재판에서 '죄인'으로 붙들려 온 사람은 곤장대에 묶인 채 "네 죄를 네가 알렸다."라는 호통을 들으면서 왜 자신이 억울한지 스스로 증명해야만 한다. 중세 유럽에서 고문이 합법적으로 허용되었던 것도 범죄혐의를 받은 사람은 스스로 무죄를 입증할 책임이 있다고 생각했기 때문이다.

진술거부권 또는 묵비권이 인정된 것은 무죄추정의 원리가 법의 일반원칙으로 자리 잡고 검사에게 피고인의 유죄를 입증할 책임이 주어진 다음부터이다. 당연히 진술거부권은 피의자에게 절대적으로 유리한 무기가 된다.

그러나 피의자에게 진술거부권이 인정된다고 해서 문제가 해결된 것은 아니다. 단순히 진술거부권이 있다는 것과 그것을 자유롭게 행사한다는 것은 사뭇 다른 문제이기 때문이다. 진술거부권을 자유롭게 행사하도록 권유할 수 있는 사람, 그것은 당연히 변호인이다.

1940년대 미국 연방대법원의 판결 중에는 이런 구절이 있다. "선임료를 받을 자격이 있는 변호사라면 누구라도 분명한 어조로, 피의자에게 어떠한 상황에서도 수사관에게 어떠한 대답도 하지 말라고 조언할 것이다."[4] 이미 그 시절부터 변호인의 가장 중요한 역할이 진술을 거부하라고 권유하는 것이라는 것을 알고 있었던 것이다. 만일

---

4 미국 연방대법원 Watts v. Indiana, 388 U.S. 49(1949) 사건에서 잭슨 대법관이 한 말이다.

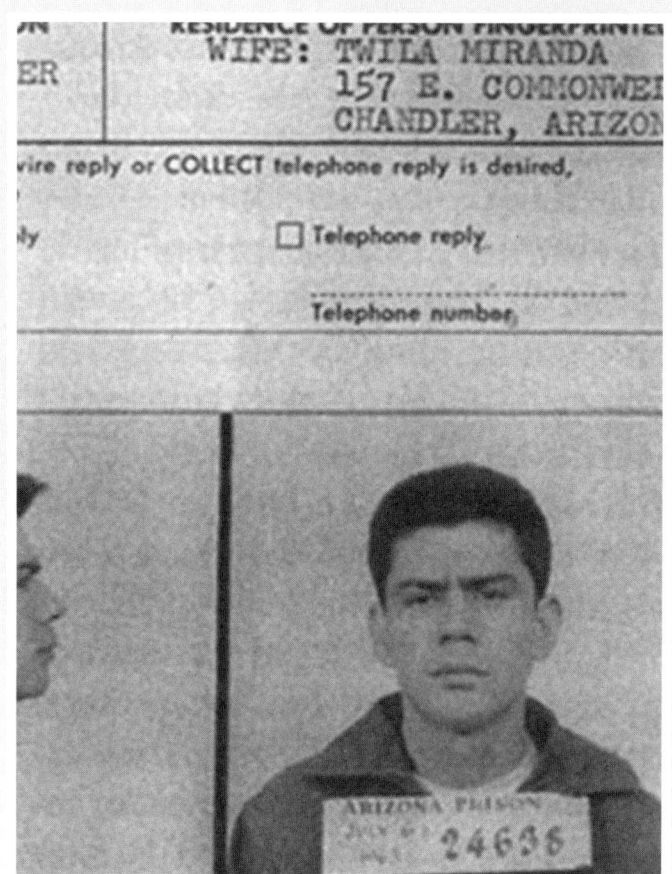

미란다 사건에서 연방대법원은 피의자에게 묵비권과 변호인 선임권을 미리 말해주지 않고 받은 자백은 그것이 자발적인 것이든 아니든 간에 증거로 사용할 수 없다고 선언하였다. 이 판결은 권리의 인정을 넘어서 그것을 설명해야 할 의무를 부과했다는 점에서 획기적이다.

피의자가 변호인을 만날 권리가 있다는 것을 알게 되어 변호인을 대면하면 당연히 경찰의 질문에 대답하지 않는 피의자의 수가 늘어날 것이다. 수사기관으로서는 그런 얘기를 해주고 싶을 이유가 전혀 없다. 그럼에도 불구하고 미란다 사건의 변호인들은 수사기관이 피의자를 조사하기 전에 미리 그런 권리를 알려주어야 한다고 주장한 것이다. 미란다는 유죄판결에 상소를 했고 연방대법원은 미란다 사건을 재판하기로 결정했다.

흔히 1960년대를 피의자의 권리가 새롭게 인식되는 시기라고 한다. 당시 워렌 대법원장이 이끌던 연방대법원은 피의자의 권리에 대하여 진보적인 판결을 내놓고 있었다. 진술거부권과 변호인 선임권에 대해서도 획기적인 판결이 나왔다. 물론 반대의견도 절대로 만만치 않았다. 무엇보다 아직 재판이 열리기 전 수사단계에서 변호인이 참여해야 한다는 주장에 대한 반대가 많았다. 피의자가 자백하는 일은 대부분 수사과정에서 일어나는데, 만약 변호인이 참여하면 자백하는 사건이 대폭 줄어들고 사건을 해결하는 데 어려움을 겪게 된다는 것이었다. 그러나 이에 대해서 연방대법원은 이렇게 말한다. "수사과정에서 자백하는 경우가 많다는 사실은, 그 단계야말로 변호인의 도움이 가장 절실하게 필요한 때라는 것을 뜻하는 것이다. 자백이 거의 이루어지지 않는 단계에서만 변호인의 도움을 받을 수 있다는 것은, 그야말로 공허한 것이 될 뿐이다."[5]

그러나 미란다 판결이 있기 전에는 이러한 권리들은 그냥 법전에 적혀 있는 권리일 뿐이었다. 피의자가 스스로 알고 행사해야 되는 것이지 수사관이 미리 말해줄 필요까지는 없는 것이었다. 미란다 사건에서 연방대법원은 피의자에게 묵비권과 변호인 선임권을 미리 말해주지 않고 받은 자백은 그것이 자발적인 것이든 아니든 간에 증거로 사용할 수 없다고 선언하였다. 이 판결은 권리의 인정을 넘어서 그것을 설명해야 할 의무를 부과했다는 점에서 획기적이다. 연방대법관들은 경찰의 조사를 받는 사람은, 그 경찰관이 아무리 선의를 가지고 친절하게 대해준다고 하더라도 본질적으로 위축될 수밖에 없다고 판단한 것이다. 경찰관으로 하여금 조사에 앞서 피의자에게 변호인을 선임할 권리가 있고 진술을 거부할 수도 있다고 말하게 한다면, 경찰관 스스로도 피의자의 권리를 다시 한번 생각하게 될 뿐만 아니라, 무엇보다도 피의자에게 편안한 분위기를 만들어줄 수 있을 것이다. 미란다 판결의 묘미는 바로 여기에 있다. 미란다에 대한 유죄판결은 이제 무효가 되었다.

때때로 반드시 변호인이 없더라도 검사나 수사관, 혹은 경찰관이 공정하게 권한을 행사하면 피의자의 권리가 보장된다고 주장하는 사람들이 있다. 심지어 변호인도 수사를 방해해서는 안 되며 '정의

---

5 | 미국 연방대법원 Escobedo v. Illinois, 378 U.S. 478(1964) 판결의 다수의견 중에서.

의 실현을 위해서' 피의자로 하여금 수사에 협조하도록 할 의무가 있다고 말하기도 한다. 그러나 이러한 견해는 현대 형사사법의 기본적인 전제를 이해하지 못한 것이다. 피의자의 권리를 보호하기 위해서는 무엇보다도 피의자의 이익을 최우선으로 생각하는 변호인의 존재가 반드시 필요하다. 그리고 피의자의 권리가 제대로 보호될 때에만 사건의 진상을 파악하고 정의를 구현해야 한다는 형사소송의 이상도 실현될 수 있는 것이다.

미란다 판결은 선고 당일부터 엄청난 논란의 대상이 되었다. 많은 검사들과 경찰관들이 앞으로 수사가 불가능해질 것이고 흉악범들이 처벌받지 않고 풀려날 것이라는 비판적인 전망을 했다. 변호인으로부터 진술을 거부하라는 충고를 들은 범인들을 어떻게 조사하겠느냐는 것이 그들의 주장이었다.

그러나 역사는 이러한 주장이 기우에 불과했음을 보여준다. 어네스트 미란다 자신도 풀려나지 않았다. 대법원의 판결이 있은 후 피닉스 시 검찰은 목격자의 진술을 증거로 미란다를 다시 기소했고 미란다는 유죄판결을 받아 10년을 복역했던 것이다. 피의자의 권리를 보장한다고 해서 범인들이 활보하거나 법질서가 어지러워지지는 않는다. 적법절차를 지키면서도 사법의 정의는 충분히 달성될 수 있다. 미국 대법원은 연쇄성폭행범인 미란다의 유죄판결을 파기했지만 그로 인해서 오히려 사법의 정의가 어떤 것인지 보여주었다.

10년간 감옥에 갇혀 있던 어네스트 미란다는 석방된 지 한 달 만에 술집에서 싸움을 하다가 칼에 찔려 살해당한다. 아이러니컬하게도 미란다의 살해범을 체포한 경찰관은 10년 전 미란다를 체포했던 바로 그 경찰관이었다. 이번에는 경찰관이 미란다 판결에 따라 범인에게 피의자의 권리를 설명해주었고 피의자는 자신의 권리를 알고 행동할 수 있었다. 모든 사람들이 익숙한 미란다 경고는 파렴치한 연쇄성폭행범이나 그 연쇄성폭행범을 살해한 사람의 권리도 보호되어야 한다는 당연한 생각에서 생겨나게 된 것이다.

경찰차 뒷좌석에서
생긴 일

...
"경찰이 왜 당신을 구금하고 있는지 모르겠군요.
도대체 그들이 확보한 증거란 뭡니까?"
"증거는 없어요. 내 자백이 증거가 된 겁니다.
그들이 신문할 때 나는 술에 취해 있었어요.
도대체 정신이 없었어요. 내 말, 무슨 말인지 알죠?
난 횡설수설했어요. 나는…… 젠장…… 나는……"
―『최후의 탈고』, 로버트 A. 카터

미란다 판결을 통해서 경찰관이 피의자를 체포하고 조사할 때는 변호인선임권과 진술거부권을 알려주어야 한다는 원칙이 확립되었지만 모든 경우에 그런 경고를 해야 하는 것은 아니다. 극단적인 예를 들어보자. 부부싸움 끝에 순간적으로 화가 나서 배우자를 살해한 사람이 패닉에 빠져 경찰서로 뛰어들어와 눈앞에 보이는 경찰관을 붙잡고 이렇게 말한다. "큰일 났습니다. 제가 아내를 죽였어요. 그럴 생각은 없었는데, 뭐가 씌웠는지…….” 마침 그곳에 서 있다가 그런 말을 듣게 된 경찰관은 살인을 저지른 사람이 갑자기 뛰어들어와서 죄를 저질렀다고 털어놓을 줄은 꿈에도 몰랐을 것이다. 그럴 때 미란다 경고를 하지 않았다고 해서 피의자에게 아무런 영향력도 행사하지 않고 자연스럽게 들은 자백을 증거로 쓸 수 없게 되는 것은 아니다.

원래 미란다 경고가 생겨나게 된 것은 검찰이나 경찰 등 수사기관에 체포되어 조사를 받게 된 피의자를 위한 것이다. 체포되어 신체의 자유를 빼앗긴 상태에서 범죄혐의에 대해 질문을 받으면 아무리 강심장을 가진 사람도 약자의 위치에 놓인다. 특히 지적 능력이 떨어지거나 사회적으로 약자의 위치에 있는 사람들은 당장의 긴장과 압력에 못 이겨 허위자백을 하는 경우가 많다.

그렇기 때문에 조사를 하는 수사관에게 변호인선임권과 진술거부권을 알려줄 의무를 부과하고 이를 지키지 않은 경우에는 그 자백을 증거로 쓸 수 없게 한 것이다. 자유로운 상태에서 경찰관과 이야기를 하거나, 혹은 체포되었다고 하더라도 수사관이 묻기 전에 먼저 자진해서 범행을 털어놓은 경우에는 아무런 제한 없이 피의자의 말을 증거로 사용할 수 있다. 미처 변호인선임권을 알려주지 못한 경우도 마찬가지다.

물론 피의자에게는 변호인의 도움을 받을 권리가 있다. 미란다 경고는 단순히 경고에만 그치는 것이 아니다. 체포되어 경찰의 조사를 받는 피의자가 변호인의 도움을 요청하면 경찰관은 변호인이 올 때까지 기다려야 한다. 피의자의 불안한 상태를 이용해서 강압적인 수사를 하는 것은 당연히 허용되지 않는다.

그러나 강압적인 방법이 아니라 '인간적인 설득'을 하거나 '양심에 호소' 하는 것도 어떨까. 변호인이 오기 전에 이런 방법을 사용하는 것도 허용되지 않는 것일까. 이와 관련해서 매우 흥미 있는 판결이 두 개 있다. 비슷한 상황에서 정반대의 결론을 내린 이 사건들을 보면 구속된 피의자가 어떠한 권리를 갖는지 힌트를 얻을 수 있다.

1968년 12월 24일, 크리스마스 이브 오후에 미국 아이오와 주 데모인 시의 YMCA 건물에서 있었던 일이다.[6] 화장실에 간 파멜라 파워스라는 열 살된 소녀가 실종되었다. 파멜라를 데리고 그곳에 갔던 가족들은 건물 구석구석을 뒤졌지만 그녀를 찾지 못했다. 그 직후, 윌리엄스라는 남자가 건물을 나서는 게 사람들의 눈에 띈다. 얼마 전 정신병원을 탈출해서 임시로 YMCA에서 기거하던 사람이었다. 그는 담요에 싼 짐을 들고 나와서 승용차 조수석에 싣고 어디론가 떠났다. 윌리엄스가 건물 문을 열 때 도와주었던 열네 살의 소년은

---

[6] 브류어 대 윌리엄스 사건, Brewer v. Williams, 430 U.S. 387(1978)

담요 아래로 튀어나온 어린 소녀의 발을 보게 된다. 몇 시간이 지나지 않아 데모인 시에서 160마일 떨어진 데이븐포트 시에서 윌리엄스의 차가 버려진 채 발견된다. 데모인 시 경찰은 납치혐의로 윌리엄스에 대한 체포영장을 발부받는다.

이틀 후, 헨리 맥라이트라는 변호사가 데모인 시 경찰서를 찾는다. 그는 경찰관에게 데이븐포트 시에 있는 윌리엄스와 막 통화를 했다고 하면서 윌리엄스가 그곳 경찰서에 자수했다고 말했다. 데이븐포트 시 경찰에 전화를 한 담당 경찰관은 윌리엄스가 자수한 것을 확인했다.

맥라이트 변호사는 데모인 시 경찰서장이 지켜보는 가운데 윌리엄스와 전화통화를 한다. 그는 윌리엄스에게 데모인 시 경찰관들이 그를 데리러 갈 것이라고 말해주면서 자신과 상의하기 전에는 파멜라 파워스에 대해서 경찰관과 얘기하지 말도록 충고했다.

데이븐포트 시로 윌리엄스를 데리러 갈 경찰관은 20년 경력의 베테랑 형사 리밍과 동료 한 명이었다. 맥라이트 변호사는 경찰 서장과 리밍 형사에게 변호인을 만나기 전까지는 윌리엄스에게 아무런 질문도 하지 말아달라고 요청했고 경찰관들은 그렇게 하겠다고 약속했다.

그 사이 데이븐포트 시 경찰서에서 윌리엄스는 켈리라는 또 다른 변호사와 만난다. 켈리 변호사는 윌리엄스에게 맥라이트 변호사를 만나서 상의하기 전에는 아무 말도 하지 말라고 조언한다. 이윽고 윌리엄스를 호송하기 위해서 리밍 형사와 동료가 도착하자, 켈리 변호사는 경찰관들에게 다시 한 번 맥라이트 변호사와 만나기 전에는 윌리엄스를 신문하지 말라고 요청한다. 켈리 변호사는 경찰차에 동승해서 윌리엄스와 함께 데모인 시로 가기를 원했지만 경찰관들은 그의 요청을 거절했다.

경찰차 뒷좌석에 타고 데모인 시로 호송되는 동안 윌리엄스는 한 번도 변호인이 없는 상태에서 조사를 받겠다는 말을 하지 않았다. 단지 이렇게 말했을 뿐이다. "데모인 시에 가서 맥나이트 변호사를 만난 다음에 모든 걸 밝히겠어요." 하지만 베테랑 형사 리밍은 윌리엄스가 정신병을 앓은 적이 있고 종교에 깊이 심취한 인물이라는 것을 알고 있었다. 그는 자신만의 방법을 써보기로 했다.

데이븐포트 시 경찰서를 벗어나자 리밍 형사와 그의 동료는 다양한 주제에 대해 이야기를 나누기 시작했다. 종교 문제도 그 중 하나였다. 고속도로에 접어들 즈음 리밍 형사는 윌리엄스에게 나중에 형사소송법의 역사에서 '기독교 신자의 장례식에 관한 연설'로 유명해질 이야기를 들려준다. 이런 내용이다.

"이봐, 윌리엄스, 가는 동안 자네가 생각해봤으면 싶은 게 있어. 먼저 날씨를 한번 보게나. 진눈깨비가 내리고 날씨가 춥지. 오늘은

날도 일찍 저물 텐데 밤중에 눈도 몇 인치 온다고 하더군. 아마도 그 어린 소녀의 시체가 어디 있는지 아는 건 자네밖에 없을 거야. 자네만 그곳에 가보았으니까. 하지만 눈이 쌓이면 자네도 못 찾을지 모르지. 생각해보게. 크리스마스 이브에 납치당해서 살해된 소녀의 부모에게 기독교 신자에 어울리는 장례식은 치를 수 있는 기회를 주어야 하지 않을까. 데모인 시에 가기 전에 아이의 시체를 먼저 찾는 게 어때. 내일 아침이면 눈이 쌓이고 어쩌면 시체를 아예 찾지 못할지도 몰라. 내 말에 꼭 대답하라는 건 아니야. 하지만 가는 동안 잘 생각해보게."

한참을 망설이던 윌리엄스는 소녀의 시체를 버린 곳으로 경찰관들을 안내했다. 시체는 데모인 시로 가는 길에서 발견되었고 윌리엄스는 살인죄로 재판을 받게 되었다.

재판과정에서 변호인은 윌리엄스의 자백이나 그 자백을 토대로 찾아낸 소녀의 시체를 증거로 사용해서는 안 된다고 주장한다. 윌리엄스가 분명히 변호인을 만나기 전에는 아무런 진술도 하지 않겠다고 말했는데도, 경찰관이 무시하고 질문을 했다는 이유에서였다. 검사는 격렬하게 반대했다. 자백을 강요하지도 않았고 단지 양심에 호소했을 따름인데 무슨 문제가 있느냐는 것이다.

그러나 연방대법원은 변호인의 손을 들어주었다. 피의자가 변호인의 참여를 요청한 이상 경찰관은 변호인이 올 때까지 조사를 하지 말았어야 하는데 시체의 위치를 가르쳐달라고 설득한 것은 실제로 조사를 한 것이나 마찬가지라는 것이었다. 리밍 형사가 법정에서 증언하면서 윌리엄스에게 이야기를 걸 때 데모인 시에 도착하기 전에 혐의를 밝혀내려는 목적이 있었다고 증언한 것이 결정적인 판단의 근거가 되었다. 그러나 윌리엄스 판결이 있은 지 2년 뒤, 연방대법원은 비슷한 사건에서 전혀 반대의 판결을 내린다.

1975년 1월 12일, 미국 로드아일랜드 주 프로빈스 시에서 손님을 태우러 간 택시 운전사 한 명이 실종된다. 그의 시체는 며칠 후 발견되었고, 시체의 뒷머리에는 총상의 흔적이 있었다. 엽총에 의한 살인이었다. 같은 해 1월 15일, 제럴드 오빈이라는 또 다른 택시 운전사가 경찰서에 와서 강도사건을 신고한다. 총신을 짧게 자른 엽총을 가진 남자로부터 강도를 당한 것이다. 피해자 진술을 하기 위해서 기다리던 그는 경찰서 게시판에 붙은 현상수배범들의 사진에서 범인의 얼굴을 발견한다. 토마스 이니스라는 사람이었다. 경찰관들은 제럴드 오빈이 강도를 당한 현장 주변에서 급히 이니스를 찾기 시작했다.

그날 새벽, 순찰을 돌던 경찰관 로벨은 거리를 서성이던 이니스를 발견하고 체포한다. 로벨은 이니스에게 미란다 경고를 했고 더 이상 아무런 질문도 하지 않았다. 이니스도 별 말을 하지 않고 담배를 한

대 달라고 했을 뿐이었다. 잠시 후 로벨의 무전을 받은 레이든이라는 경위가 다른 경찰관들을 이끌고 그곳에 도착했다. 레이든 경위는 이니스에게 다시 한 번 미란다 경고를 했고, 이니스는 변호인과 먼저 이야기를 하고 싶다고 말했다. 경위는 부하들에게 체포된 이니스를 경찰서로 호송하라고 지시하면서 호송하는 동안에는 어떠한 질문도 하지 말라고 했다. 지시를 받은 경찰관 세 명은 경찰차 뒷좌석에 이니스를 태우고 경찰서로 향했다. 가는 동안 경찰관들은 자기들끼리 범행에 사용된 엽총에 대해 이야기를 나누기 시작했다. 경찰관들은 나중에 법정에서 이런 대화를 나누었다고 증언했다.

"저는 함께 타고 있던 경찰관 매캐너에게 제가 그 주변에서 자주 순찰을 한다고 말했습니다. 그런데 그곳은 장애인 학교와 가깝기 때문에 장애가 있는 어린이들이 많이 다니는데 혹시라도 총을 발견해서 다치기라도 하면 큰일이라고 했지요."

"저도 그 얘기에 맞장구를 쳤습니다. 아이들의 안전을 위해서 수색을 계속하고 총을 찾아내야 한다고 말했습니다."

경찰관들이 이니스에게 말을 걸지는 않았지만 뒷좌석에 앉아 있던 이니스는 당연히 이 대화를 들었다. 갑자기 앞자리로 몸을 숙인 그는 경찰관들에게 체포현장으로 돌아가자고 말했다. 총이 어디에 있는지 알려주겠다는 것이었다. 장애 어린이들에 대한 경찰관들의 걱정이 그의 양심을 움직인 것이다. 한 경찰관이 레이든 경위에게 무전으로 이니스의 의사를 알리고 현장으로 돌아가겠다고 보고를 했다.

현장에 도착한 이니스에게 레이든 경위는 다시 한 번 미란다 경고를 들려주었다. 이니스는 자기의 권리를 잘 알고 있지만 "어린이들의 안전을 위해서" 총의 위치를 알려주겠다고 말했다. 이니스의 안내를 받은 경찰관들은 체포 현장 부근의 길 옆 바위 밑에서 엽총을 찾아냈다. 이니스는 살인과 강도, 납치 혐의로 재판을 받게 되었다.

재판이 다가오자 이니스는 마음을 바꾸었다. 그는 경찰관들이 압수한 총은 물론 총의 위치를 알려준 그의 말을 증거로 사용해서는 안 된다고 주장했다. 변호사를 먼저 만나고 싶다고 말했는데도 경찰관들이 무시하고 질문을 했다는 이유에서였다. 그를 호송하던 경찰관들이 장애아 학교 이야기를 하면서 총을 찾아야 된다고 얘기를 한 것은 사실상 그를 조사한 것과 마찬가지라는 것이다. 판사는 이니스의 주장을 받아들이지 않았다. 배심원들은 이니스에게 유죄를 선고했다.

로드아일랜드 주 대법관들의 견해는 달랐다. 표결 결과 이니스에 대한 유죄판결은 3대 2로 파기되었다. 주 대법관들은 윌리엄스에 대한 연방대법원의 판결을 인용하면서 변호인이 입회하지 않은 상태에서 경찰관들이 윌리엄스를 신문한 것은 잘못이라고 판결했다. 이니스가 레이든 경위에게 변호인과 상담을 하고 싶다고 분명히 말한 이상 즉시 모든 질문을 중단하고 먼저 변호인을 만나게 해주었어야 하는데, 총의 위치를 알아내려고 신문을 했기 때문에 이니스의 진술은 증거능력이 없다는 것이다. 경찰관들이 진심으로 어린이들의 안전을 걱정했거나 피의자인 이니스에게 직접 말을 걸지 않고 자기들끼리 한 대화라고 하더라도 실질적으로는 신문을 한 것과 마찬가지의 효과가 있다는 것이었다. 검사는 상소를 했고 이제 공은 연방대법원의 손에 넘어가게 되었다.

검찰 측이나 변호인 측이나 경찰관들이 이니스에게 미란다 경고를 해준 사실, 이니스가 변호인을 만나겠다고 요청한 사실, 따라서 변호인과 상의하기 전에 경찰관들이 이니스를 신문할 수 없다는 점에 대해서는 이견이 없었다. 문제는 이니스가 듣는 가운데 경찰관들이 총과 장애 어린이들에 대해서 나눈 대화가 과연 신문에 해당하는지였다. 연방대법원은 이번에는 검찰의 손을 들어주었다. 경찰관들의 대화는 '신문'에 해당하지 않고 이니스가 총의 위치를 알려준 것은 순전히 자발적인 것이었기 때문에 그의 진술과 총은 증거로 사용될 수 있다는 것이었다.

연방대법원의 논리는 이렇다. 만일 피의자가 변호인과 상담하고 싶다고 요청하면 경찰관들은 신문을 중단하고 변호인을 만나게 해주어야 한다. 피의자가 변호인을 만나서 의논하기 전까지는 피의자를 신문해서는 안 되는 것이다. 이때 명시적으로 범행에 대해서 질문하는 것도 안 되지만, 명시적인 질문이 아니더라도 사실상 질문과 마찬가지 효과를 가진 말을 하는 것도 금지된다. 그 기준은 상식적인 기준으로 볼 때 피의자의 자백을 이끌어낼 수 있는 것인지 여부이다. 어떤 말을 했을 때 피의자가 자백을 할 가능성이 예상된다면, 경찰관은 그런 말을 하면 안 된다.

윌리엄스 사건에서 리밍 형사는 윌리엄스가 정신병을 앓은 전력이 있고 종교에 심취한 사람이라는 것을 알고 있었다. '기독교 신자의 장례식에 관한 연설'을 할 때 그는 윌리엄스의 자백을 기대하고 있었던 것이다. 따라서 리밍 형사가 한 말은 사실상 윌리엄스에게 살인을 저질렀느냐고 묻는 질문이나 마찬가지라고 할 수 있다.

하지만 이니스와 함께 경찰차에 타고 있던 경찰관들은 단지 범죄현장 부근에 있는 학교에 다니는 어린이들에 대한 걱정을 했을 뿐이었다. 그들은 이니스가 장애아에 대해서 특별히 동정심을 갖고 있어서 자신들의 대화를 듣고 양심에 가책을 느껴 총의 위치를 알려줄 것이라고는 기대한 것이 아니었다. 경찰관 사이의 대화는 몇 마디 짧게 오고간 말에 그쳤기 때문에, 상식적으로 보더라도 그 정도 대화를 듣고 이니스가 갑자기 자백할지도 모른다고 예상하기는 힘들다. 그렇다면 경찰관들의 대화를 이니스에 대한 '신문'이라고 볼 수는 없고 결국 이니스는 순전히 자발적으로 총의 위치를 자백한 것이기 때문에 그의 진술과 총은 증거능력이 있다는 것이었다. 이니스에 대한 유죄판결은 그대로 유지되었다.

결론만을 놓고 볼 때 윌리엄스 판결보다 이니스 판결이 훨씬 합리적으로 보인다. 미란다 경고나 변호인의 참여권은 결국 자백의 강요를 막기 위한 것이 아니었던가. 피의자의 양심에 호소해서 범죄를 해결하는 것은 설사 변호인이 없다고 해도 아무런 문제가 없는 것이 아닐까. 윌리엄스 판결에는 당연히 이런 반응이 따랐다. 실제로 대법관 9명 중에서 4명이 반대의견을 표명했다. 노련하게 피의자를 설득해서 사건을 해결한 경찰관을 오히려 칭찬해야 한다는 여론도 있었다. 하지만 윌리엄스 판결이 선고된 지 30년이 지난 지금 이 판결은 변호인의 참여권을 강조한 훌륭한 판결로 칭송을 받고 있다.

체포되어 신체의 자유를 빼앗긴 사람은 누구나 불안하다. 아무리 부드럽게 대한다고 하더라도 범행에 대해서 묻는 경찰관의 질문은 피의자에게 커다란 압력과 두려움으로 다가온다. 피의자가 헌법에 보장된 권리를 거리낌 없이 행사하기 위해서는 수사관의 양심이나 인격을 믿는 것만으로는 부족하다. 만일 수사관이 강압적이지 않고 공정하게 조사하는 것만으로 충분하다면 애초에 변호인은 필요도 없을 것이다. 하지만 변호인을 참여시켜 달라고 요청하는 것이 수사관에 대한 불신과 모욕일까. 그렇지 않다. 아무리 공정하고 양심적인 수사관이라고 해도 변호인과는 입장이 다를 수밖에 없기 때문이다.

변호인은 피의자로부터 들은 말을 누설하지 말아야 할 법적인 의무가 있다. 설사 피의자가 죄를 지었다고 털어놓는다고 해도 수사기관에 신고를 할 수 없다. 그렇기 때문에 자신의 변호인에게는 누구나 걱정 없이 속마음을 털어놓을 수 있고 안심하고 의논할 수 있다. 이에 비해서 수사관은 피의자가 숨기고 있는 것을 캐내야 하고 자백을 들으면 절차에 따라 보고할 의무가 있다. 아무리 공정한 수사관이라고 해도 피의자와 '같은 편'이 될 수는 없다. 따라서 피의자가 변호인과 만나고 싶다고 하면 수사관은 일단 모든 조사를 멈추고 피의자가 변호인을 만나서 상의할 때까지 기다려야 한다. 설사 강압적인 방법을 사용하지 않고 설득을 한다고 해도 마찬가지다. 설득할 때라고 해서 변호인의 도움을 받을 필요가 없어지는 것도 아닐 뿐만 아니라, 실제로 수사현장에서 강압적인 조사와 설득을 구별하는 것은 쉽지 않기 때문이다. '설득'이나 '양심에 호소'하는 것으로 시작한 조사가 자백의 강요로 이어지는 것은 흔한 일이다.

 윌리엄스 판결은 살인사건의 중요한 증거를 사용하지 못하게 한 잘못된 판결이 아니라, 피의자의 권리를 확립시킨 판결로 평가받아야 한다. 오늘날 구속된 피의자에게 변호인 참여권이 당연히 인정되게 된 밑바탕에는 논란이 있는 사건에서도 흔들리지 않고 원칙을 지킨 윌리엄스 사건과 같은 판결들이 있는 것이다.

곤장의
효과

어렸을 때 나는 내가 망태 할아버지였으면 했다. 그게 있을 수 없는 일이라는 것을 알게 되었을 때(망태 할아버지는 존재하지 않는다) 나는 신과 같은 위대한 처형자가 되고 싶었다(노아의 대홍수 이야기는 내게 깊은 인상을 남겼다). 조심스러웠던 나의 부모님들께서는 어느 생일을 택해 내게 형법전을 제공했다. 그래서 나는 사형집행관(수석)이 되기로 결심했다. 나의 점잖지 못한 성향을 합법적으로 만족시켜줄 수 있는 단 하나의 정당한 직업이었다. 세월은 흘렀고 나는 집행관이 되지 못했다(그 자리는 비어 있지 않았다). 그리고 결코 될 수 없을 것이다(사형은 폐지되었다). 그래서 나는 기념으로 이 책을 썼다.

―『사형집행관』, 미셸 폴코

미셸 푸코의 노작 『감시와 처벌』은 18세기 프랑스에서 국왕 루이 15세를 살해하려다 체포된 로베르트 다미엥에 대한 무시무시한 처벌의 소개로 시작된다. 다미엥이 받은 처벌은 이렇다.[7]

---

[7] 이하의 내용은 『감시와 처벌』, 미셸 푸코 저, 오생근 역, 나남출판(1994)에서 인용.

"손에 2파운드 무게의 뜨거운 밀랍으로 만든 횃불을 들고, 속옷 차림으로 파리의 노트르담 대성당의 정문 앞에 사형수 호송차로 실려와, 공개적으로 사죄를 할 것. 상기한 호송차로 그레브 광장에 옮겨간 다음 그곳에 설치될 처형대 위에서 장딴지를 뜨겁게 달군 쇠집게로 고문을 가하고, 그 오른손은 국왕을 살해하려 했을 때의 단도를 잡게 한 채, 유황불로 태워야 한다. 계속해서 쇠집게로 지진 곳에 불로 녹인 납, 펄펄 끓는 기름, 지글지글 끓는 송진, 밀랍과 유황의 용해물을 붓고, 몸은 네 마리의 말이 잡아끌어 사지를 절단하게 한 뒤, 손발과 몸은 불태워 없애고 그 재는 바람에 날려버린다.

(중략) 유황을 태웠으나 그 불길이 너무 작았기 때문에 죄수에게는 손등의 피부만 약간 상하게 했을 뿐이다. 그 다음에는 소매를 팔뚝 위까지 걷어 올린 사형집행인이 길이 45센티미터 정도의 불에 달군 특제 쇠집게를 집어들고 먼저 오른쪽 다리의 장딴지를, 다음에 넓적다리를, 오른팔의 근육 두 군데를, 다음에는 가슴을 찢었다. 집행인이 아무리 체력이 강하고 억센 사람이라고 하더라도 쇠집게로 집고 있는 곳의 살을 같은 방향으로 두세 번 비틀어 가면서 잘라내는 데 무척 애를 먹었다. 그리고 잘라낸 부분에는 각각 6리브르 화폐 크기만한 흉측한 구멍이 드러났다. 근육을 도려내는 이러한 형벌이 끝나자 신을 모독하는 말도 아니면서 여러 번 큰소리로 고함을 치던 다미엥은 머리를 들어 자기의 몸을 내려다보았다. 사형집행인은 가마솥에서 쇠국자로 펄펄 끓는 걸쭉한 액체를 떠서 상처 부분에

가득 부었다. 그 다음에는 가는 밧줄로 말들의 마구를 매는 밧줄을 묶고 죄수의 사지를 잡아당기도록 죄수의 몸과 말의 수레를 묶어 두었다.

(중략) 그는 지옥에 떨어진 사람처럼 비명을 질러댔는데, 고문을 당할 때마다 '용서를 해주십시오, 하나님! 용서를 해주십시오, 주님!' 하고 외치는 그의 모습은 더 이상 달리 묘사할 수 없을 정도였다. 그는 그 모든 고통을 당하면서도 대담하게 자주 머리를 들어서 자기의 몸을 바라보았다. 밧줄 끝을 잡고 있던 사람들이 밧줄을 팽팽히 잡아당기면, 그는 형언할 수 없이 고통스러워했다.

(중략) 말들은 제각기 수형자의 사지를 똑바로 힘껏 끌어당겼다. 말 한 마리에 사형집행인 한 사람이 붙어 있었다. 한 15분 동안 같은 의식이 되풀이되었다. 그런 일을 몇 번 반복하더니 급기야는 할 수 없이 다른 방법으로 말을 끌어 잡아당겼다. 즉 오른쪽 팔을 담당한 말은 그대로 선두에서 끌게 하고 두 다리를 담당하는 두 마리의 말을 양팔 쪽으로 방향을 돌린 것이다. 그 결과, 팔의 관절이 잘려 나갔다. 또 다시 첫 번째처럼 견인이 몇 번 반복되었지만 성공하지 못했다. 사형수는 머리를 들어 자신의 모습을 내려다보았다. 그러자 이번에는 다리를 끄는 말 앞에 다시 두 마리를 연결시켰다. 모두 여섯 마리가 되었다. 그런데도 일은 여의치가 않았다.

(중략) 전과 같은 두세 번의 시도가 있은 후 사형집행인 상송과 쇠집게를 잡고 있던 사람은 그들 주머니에서 칼을 꺼내 관절 부분의

다리 대신에 넓적다리의 윗부분을 도려냈다. 네 마리의 말이 전력을 다해 끌어당기자 처음에는 오른쪽 다리, 다음에는 왼쪽 다리가 떨어져 나갔다. 뒤이어 양팔, 어깨와 겨드랑이 사지도 똑같이 칼질했다. 거의 뼈까지 닿도록 깊숙이 칼로 도려내지 않으면 안 되었다. 그런 후에 말이 전력으로 끄니까 먼저 오른쪽 팔이, 뒤이어 왼쪽 팔이 떨어져 나갔다. 사지가 떨어져 나가자 고해 신부들은 죄수에게 무슨 말인가를 하려고 제단에서 내려왔다. 사형집행인은 죄수가 이미 죽었다고 말했다. 그러나 내 눈에는 그 남자가 꿈틀거리면서 마치 말하고 있는 것처럼 아래턱이 상하로 움직이고 있는 것이 보였다. 사형집행인 중 한 사람이 그 직후에 죄수의 동체를 집어들고 장작더미 위에 던져 넣으려고 했을 때 그 죄수가 아직 살아 있다는 말까지 했다. 사지를 말의 밧줄에서 떼어낸 다음 처형대 정면의 울타리 안에 쌓은 장작 위로 던지고 뒤이어 몸통과 그 밖의 것은 장작으로 덮어둔 다음 그 위에 짚을 올려놓고 불을 지폈다. 판결의 집행대로 모든 것은 재로 변했다. 타오르던 불길 속에서 나타났던 몸의 마지막 한 조각까지 다 타버린 것은 밤 10시 반이 지나서였다."

도저히 평온한 마음으로 읽을 수 없는 내용이다. 형벌의 목적이 무엇이라고 생각하건 상관없이 이 정도로 잔혹한 처벌을 보게 되면 과연 이러한 행위에 어떤 의미가 있는지 회의하지 않을 수 없다. 죄를 저지른 사람은 그에 맞는 벌을 받아야 한다는 고전적 시각으로 보거나, 혹은 범죄자를 교화하고 사회에 경계의 메시지를 보낸다는 현대적인 형벌이론을 채택하거나, 어느 쪽이든지 지나치게 잔인한 형벌은 그 자체로 사회적 제도로서 부적격 판정을 받게 된다.

현대 문명국 중에서 이렇게 잔인한 형벌을 유지하고 있는 곳은 찾아보기 힘들다. 국제사회와 인권단체들의 비난 속에서 비인간적인 형벌제도는 점차 폐기되었다. 하지만 아직도 문화와 관습의 차이라는 이름으로 많은 사람들로부터 비난을 받는 형벌을 유지하는 경우가 남아 있다. 싱가포르에서 아직도 엄연히 존재할 뿐만 아니라, 1년에 수천 명의 범죄자가 감수해야 하는 태형(笞刑)이 그 중 하나이다. 세계적인 무역의 중심지에서 아직도 곤장을 맞는 사람들이 있는 셈이다. 조용히 유지되어오던 이 태형은, 그러나 1994년 한 미국 소년 때문에 전 세계의 주목을 끌게 된다.

1975년 미국 미주리 주 세인트루이스 시에서 태어난 마이클 P. 페이의 부모는 그가 여덟 살이 되었을 때 이혼했다. 마이클은 처음에 아버지와 함께 미국에서 살았지만, 나중에 재혼한 어머니를 따라 싱가포르로 이주해서 미국인 학교에 다니게 되었다.

당시 싱가포르 당국은 자동차를 훼손하는 범죄의 빈발로 골머리를 앓고 있었다. 길에 주차해놓은 차에 누군가 페인트칠을 하거나 날카로운 것으로 흠집을 내거나 타이어를 찢어놓거나 하는 일이 밤마다 일어났던 것이다. 경찰은 무면허 운전을 하던 열여섯 살의 슈

치호라는 홍콩 출신 학생을 체포해서 조사를 했고 결국 마이클 페이를 비롯한 외국 출신 학생들이 차량을 훼손하는 범죄를 저질렀다는 사실을 밝혀냈다. 마이클은 50대 이상의 차에 손상을 가한 혐의로 기소되었고, 1994년 3월 징역 4개월, 벌금 3천 5백 싱가포르 달러와 함께 6대의 태형에 처한다는 판결을 받게 되었다. 슈치호는 8개월의 징역형과 12대의 태형을 선고받았다.

곤장을 맞을 처지에 놓인 마이클에 대한 미국의 관심은 뜨거웠다. 특히 그가 10대 소년이고 폭력적인 범죄를 저지른 것은 아니라는 점에서 태형은 지나치다는 여론이 들끓었다. 《뉴욕 타임스》를 비롯한 언론 매체는 사설에서 연일 이 사건을 다루었는데, 미국인들에게 자국 출신 소년이 아시아의 한 국가에서 곤장대에 묶여 있는 모습은 아마도 상상하기 어려운 악몽이었다. 빌 클린턴 대통령은 싱가포르 정부에 노골적으로 압력을 행사하면서 마이클을 사면해줄 것을 요청했고 상원의원 수십 명도 사면을 요청하는 편지에 서명을 했다.

그러나 싱가포르 정부는 냉담했다. 만일 미국 정부가 미성년자에 대한 태형을 인권침해라고 여겼다면 자국 출신인 마이클 페이뿐만 아니라 다른 소년범에 대한 처벌에도 반대했어야 한다. 그런데 그때까지 아무 목소리도 내지 않다가 미국 출신 소년이 태형 선고를 받게 되니까 떠들썩하게 반응하는 것은 내정간섭일 뿐이라는 것이다. 싱가포르의 대통령은 미국 정부의 체면을 고려했는지 마이클이 맞아야 할 곤장의 수를 6대에서 4대로 감형했지만 집행을 면제해주지는 않았다. 마이클 페이에 대한 태형은 1994년 5월 5일 집행되었다.

태형은 싱가포르 법에 규정된 처벌수단이다. 열여섯 살에서 쉰 살까지의 남자에게만 선고되는데 싱가포르 정부는 공식적인 통계를 공개하지 않고 있지만, 매년 수천 명 이상의 범죄자가 태형을 받는 것으로 알려져 있다. 일정한 범죄를 저지른 자에게는 의무적으로 태형을 부과하도록 규정되어 있기 때문이다. 태형이 선고되는 범죄의 종류도 매년 늘어나고 있다. 맞아야 하는 횟수는 범죄에 따라 다양하게 정해져 있는데 최대 24대까지 맞도록 되어 있다.

태형의 집행은 공개되지 않는다. 죄수는 금속재 혹은 목재로 만들어진 형틀에 묶이고 아무 것도 걸치지 않은 엉덩이 맨살에 매를 맞는다. 태형에 사용되는 매의 길이는 1.2미터, 직경은 1.27센티미터이다. 매는 부러지지 않고 유연하도록 집행 전에 물에 적시고 멸균처리를 한다. 신장이나 성기가 다치지 않도록 죄수의 신체 일부를 패드로 감싸는데, 그렇다고 해도 여러 대를 맞는 경우에는 엉덩이에 지워지지 않는 흉터가 남는 것을 피하기 어렵다. 태형의 집행에는 교도관과 함께 의무관이 입회하며 직접 집행을 담당하는 교도관들은 특수한 훈련을 받은 사람들이다.

국제사면위원회는 싱가포르의 태형을 "잔인하고, 비인간적이고, 비열한 형벌"이라고 비난했고 마이클 페이 사건을 계기로 많은 지식

⚖

 범죄자를 교화의 대상이 아닌 격리와 처벌의 객체로만 취급했던 과거는 미국에도 있다. '교화 불가능한 범죄자들'을 수용했던 악명 높은 교도소 알카트라즈는 그러한 과거를 상징하는 시설이다.

인들이 특히 미성년자에 대한 태형은 폐기되어야 한다고 주장했다. 미국 사회가 격앙된 반응을 보이는 것도 이해할 만한 일이다. 그러나 범죄자를 교화의 대상이 아닌 격리와 처벌의 객체로만 취급했던 과거는 미국에도 있다. '교화 불가능한 범죄자들'을 수용했던 악명 높은 교도소 알카트라즈는 그러한 과거를 상징하는 시설이다.

샌프란시스코 앞 바다에 있는 알카트라즈는 아마도 역사상 가장 유명한 교도소일 것이다. 숀 코네리가 주연한 〈더 록(The rock)〉을 비롯한 여러 영화의 무대가 되기도 했다. 해안에서 2킬로미터 떨어진 곳에 있는 12에이커의 돌덩어리 섬인 알카트라즈에 교도소가 생긴 것은 1934년이다. 원래 군대에서 죄수를 수용하던 시설이 있던 이곳이 민간인을 수용하는 교도소가 된 것은 당시 법질서가 너무 문란해지고 탈옥사건이 잦아서 문제가 되었기 때문이다. 알 카포네를 비롯한 마피아들은 감옥 안에서도 특별대우를 받으며 조직을 원격 조정하기까지 하는 상황이었다. 범죄자들이 더 이상 일반 교도소를 두려워하지 않게 되자, 교화 불가능한 자들을 세상과 격리시키기 위해 만든 특별한 감옥이 바로 알카트라즈였다.

일반 교도소에 수감되어 있다가 알카트라즈에 수용되기 위하여 특별열차로 호송되던 알 카포네의 사진에는 호송을 담당한 연방 보안관과 함께 카드를 치는 모습이 찍혀 있다. 당시 법질서가 얼마나 엉망이었는지는 이 한 장의 사진이 웅변해주고 있다. 연쇄살인범,

은행강도, 갱단 멤버들이 줄줄이 수감되었다.

그러나 범죄자들에 대한 교화를 완전히 포기하고 사회와 격리하는 데에만 초점을 맞춘 교도소는 여러 가지 문제에 부딪힌다. 처음 소장으로 부임한 존스턴은 몇 년간 '침묵의 규율'을 시행해서 죄수들이 아무 말도 하지 못하게 했다. 죄수들은 모두 독방에 수감되어 있었는데 식사와 운동 시간에 잠깐 독방을 벗어나는 것을 제외하면 하루 종일 아무 말도 못하고 앉아 있어야 했던 것이다. 밤이 되면 2킬로미터밖에 떨어지지 않은 샌프란시스코에서 바람을 타고 파티장의 소음이 들려오곤 했다. 흥겨운 음악과 파티에 참석한 사람들의 웃음소리는 아무런 희망 없이 갇혀 있어야 하는 죄수들을 미칠 지경으로 몰아넣었다. 절망에 빠진 죄수들은 극단적인 일을 벌이기 시작했다.

1946년 5월 2일, 은행강도 출신인 버나드 코이가 주동이 된 폭동이 일어났다. 치밀하게 짠 계획에 따라 죄수들은 9명의 교도관을 납치해서 인질로 잡고 무기를 탈취하여 교도소 점령을 시도했다. 해안경비대와 해병대 병력이 진압에 투입되었고 가스탄과 대전차 수류탄까지 동원되었다. 사흘간 계속된 이 폭동에서 교도관 두 명과 죄수 세 명이 사망했고 18명이 부상당했다. 폭동에 주도적으로 개입한 죄수 두 명이 재판에서 사형선고를 받고 그해 12월 3일 가스실에서 처형당했다.

탈출시도도 끊임없이 일어났다. 알카트라즈는 해안에서 2킬로미터 밖에 떨어져 있지 않았지만 차디찬 바닷물과 강한 조류라는 자연조건 때문에 탈출은 사실상 거의 불가능했다. 탈출을 시도한 죄수들은 대부분 교도관에게 사살당하거나 바다에서 익사했다. 그러나 절망적인 탈옥시도는 멈추지 않았다. 최초로 탈출을 시도한 사람은 조지프 바우어즈라는 죄수였다. 그는 총을 들고 있는 교도관이 지켜보는 가운데 철조망을 넘어 바닷가로 뛰어갔고 교도관의 고함에도 멈추지 않다가 그 자리에서 사살당했다. 탈옥이라기보다는 자살을 하려고 했던 것으로 보일 정도였다. 그만큼 죄수들은 절망에 빠져 있었던 것이다.

모든 탈옥시도가 실패로 끝난 것은 아니다. 1962년, 세 명의 죄수가 숟가락으로 매일 조금씩 환기구 주변을 넓혀 사람이 빠져나갈 수 있는 크기의 구멍을 만든다. 마침내 그해 6월 11일 밤, 환기구를 통해 감방을 빠져나간 그들은 통풍관을 통해 지붕으로 올라갔다가 외벽을 타고 내려와 건물을 벗어났고 감시탑의 눈길이 미치지 않는 구석진 길을 따라 들키지 않고 바닷가까지 갈 수 있었다.

그 당시 교도관들은 탈옥한 죄수가 있는지 확인하기 위해서 매시간 죄수들의 머릿수를 셌는데, 세 명의 죄수들은 미리 비누와 콘크리트 가루로 사람머리 같은 모양을 만들어서 베개 위에 놓아두는 방법으로 교도관들의 눈을 속였다. 이 독창적인 탈출방법은 신문에 크게 보도되었고 클린트 이스트우드가 주연한 영화로 만들어지기까지 했다. 몇 년 전에 큰 인기를 끌었던 〈쇼생크 탈출〉에 나오는 탈옥장면도 여기에서 힌트를 얻은 것으로 알려져 있다.

교도소 건물을 벗어난 세 명의 죄수들은 훔친 레인코트로 구명대비슷한 것을 만들어서 바다를 건너려고 시도했다. 탈옥 당일 바다의 온도는 섭씨 12도였고 조수는 시속 15킬로미터의 역류였다. 바다에 뛰어든 세 명의 죄수를 다시 본 사람은 아무도 없다. 그들이 교도소 건물을 빠져나간 지 나흘 후, 탈옥수 중 한 사람인 클레어런스 엥글린 소유의 주머니가 골든게이트 브리지 아래에서 발견되었다. 주머니에는 사진이 몇 장 들어 있었다. 과연 탈옥수들이 바다를 건너 골든게이트 브리지까지 도착했던 것일까. 교도소 당국은 공식적으로 죄수들이 익사했을 것이라고 발표했지만, 많은 사람들은 그들이 탈출에 성공해서 어딘가에서 여생을 보내고 있으리라고 추측하고 있다.

폭동과 탈옥기도가 끊이지 않는 가운데 결국 1963년 로버트 케네디 당시 법무장관은 알카트라즈 교도소를 폐쇄하는 결정을 내린다. 교도소는 단순히 죄수를 사회로부터 격리하는 곳이 아니라 교화를 위한 시설이어야 된다는 것을 깨달은 것이다. 마지막으로 섬을 떠난 죄수 프랑크 웨더맨은 "알카트라즈는 결코 누구에게도 도움이 되지 않았다.(Alcatraz ain't no good for nobody)"라는 말을 남겼다고 한다.

싱가포르의 태형이나 중범죄자들을 사회로부터 격리하려고 했던 알카트라즈 교도소나 단기간에는 효과가 있는 것처럼 보일 수 있다. 그러나 범죄자의 교화를 도외시한 잔인하고 비인간적인 처벌은 결

⚖

알카트라즈는 해안에서 2킬로미터밖에 떨어져 있지 않았지만 차디찬 바닷물과 강한 조류라는 자연조건 때문에 탈출은 사실상 거의 불가능했다. 탈출을 시도한 죄수들은 대부분 교도관에게 사살당하거나 바다에서 익사했다. 그러나 절망적인 탈옥시도는 멈추지 않았다. 최초로 탈출을 시도한 사람은 조지프 바우어즈라는 죄수였다. 그는 총을 들고 있는 교도관이 지켜보는 가운데 철조망을 넘어 바닷가로 뛰어갔고 교도관의 고함에도 멈추지 않다가 그 자리에서 사살당했다.

국 성공하지 못한다. 범죄를 저지른 사람의 악성을 보다 강화하는 역효과를 내기도 한다. 싱가포르에서 태형을 당한 마이클 페이는 미국으로 돌아간 후 여러 차례 비행을 저지른다. 부탄가스를 흡입하다가 중독이 되어 재활센터에 입원하기도 하고 음주운전, 뺑소니, 그리고 마약범으로 체포되기도 한다. 부탄가스를 흡입하다가 체포되었을 때 마이클은 부탄을 마시면 태형을 받을 때의 기억을 잊을 수 있다고 말했다.

    형벌은 범죄자를 보다 나은 쪽으로 유도할 수 있어야 한다. 약물의 힘을 빌려서라도 잊어버리고 싶은, 잔인하고 비인간적인 처벌은 비도덕적일 뿐만 아니라 비효율적기도 하다. 곤장을 맞고 전보다 더 나쁜 비행 청소년이 된 마이클 페이의 경우나 본래의 역할을 잃고 관광지로 전락해버린 알카트라즈 교도소의 텅 빈 건물이 우리에게 주는 교훈이다.

커피를 쏟고
24억 원을 번 할머니

"자, 어떻게 진행되는지 말해드리지. 먼저 50명 정도 의뢰인을 모은 다음에 다이로프트를 복용한 모든 환자를 대표해서 소송을 제기하는 거요. 동시에 더 많은 사건을 유치하기 위해서 TV 광고를 하는 거지. 신속하고 강력하게 추진하면 수천 건을 수임할 수 있게 될 거요. 광고는 전국을 강타하고 겁을 먹은 사람들은 당신의 사무실로 전화를 걸어댈 테지. 당신은 그냥 여기 워싱턴 시에 있으면서 걸려오는 전화에 응답할 사무원들로 가득 찬 창고만 하나 마련하면 돼. 물론 비용이 좀 들겠지. 하지만 예를 들어 당신이 오천 건의 사건을 수임하고 한 건당 이만 달러에 합의를 보게 되면 그 합계는 1억 달러요. 그리고 당신은 그 중 3분의 1을 수임료로 받게 되지."

―『The King of Torts』, 존 그리샴

가끔 뉴스나 인터넷에서 외국에서 있었던 거액의 손해배상 판결에 관한 글을 읽은 사람들로부터 질문을 받을 때가 있다. 왜 미국에서는 수백억 원의 배상 판결이 심심치 않게 나오는데 우리나라에는 그런 사건이 없을까.

존 그리샴의 소설 『상소(The Appeal)』는 배심원들이 대기업에 3

천 8백만 달러의 손해배상을 하라는 평결을 내리는 장면으로 시작된다. 우리 돈으로 350억 원이 넘는 거액이다. 미국의 대기업은 이런 거액의 손해배상 책임을 져야 할 만큼 진짜 나쁜 일을 벌이는 걸까. 아니면 경제적인 규모의 차이 때문에 손해배상 액수도 차이가 나는 걸까. 우리나라와 미국의 경제력 차이가 그 정도로 클까. 물론 그렇지는 않다. 이렇게 거액의 손해배상 판결이 나오는 것은 우리 법에는 없는 제도가 미국에 있기 때문이다. 소위 '징벌적 배상(punitive damages)'이라는 것이다.

징벌적 배상제도가 생긴 것은 일반적인 손해배상으로는 막기 힘든 불법행위의 유형이 있기 때문이다. 간단한 예를 들어보자. 세계적인 자동차 회사인 A사가 획기적인 연비를 가진 차를 개발했다고 가정하자. 연비가 극히 좋은 차도 휘발유 1리터당 20킬로미터를 넘기 힘든데 이 차는 1리터의 연료로 1백 킬로미터를 주행할 수 있다. 디자인도 멋있고 잔고장도 적어 날개 돋힌 듯이 팔리기 시작한다. 시판 첫해에 1백만 대가 팔렸고 다음 해에는 두 배 이상 판매가 신장될 것으로 예상된다. A사의 주가는 급등하고 회사는 축제 분위기에 휩싸인다.

그때 자동차의 기술 부문을 책임진 직원이 끔찍한 뉴스를 들고 온다. 시판된 차 중에서 원인 모를 사고를 일으킨 차를 수거해서 조사를 해보니 획기적인 연비를 가능하게 한 연료장치에 치명적인 결함이 숨어 있었다는 것이 밝혀진 것이다. 새로운 연료장치를 장착한 차가 모두 문제가 있는 것은 아니지만, 10만 대 중 한 대꼴로 폭발할 위험성이 있었다. 연료장치에서 폭발이 일어나면 차에 타고 있던 사람들은 사망하거나 치명적인 부상을 당하게 된다. 이 결함을 바로잡으려면 이미 팔린 1백만 대의 차 전부를 리콜해서 연료장치를 교체해야 한다.

당연히 천문학적인 비용이 든다. 물론 새로운 연료장치의 제조시설이 완성될 때까지 신차의 판매도 중단되어야 한다. 더 큰 문제는 회사 이미지에 대한 치명적인 타격이다. 자칫하다가는 회사가 파산할 지경이다. 운 좋게 파산을 면한다고 하더라도 주가는 곤두박질치고 경영자들은 모두 사표를 내야 할 것이다. A사의 CEO는 심각한 고민에 빠진다.

이때 중역 한 명이 기발한 아이디어를 낸다. 결함을 그냥 덮어두고 무시하자는 것이다. 물론 10만 대의 한 대꼴로 차가 폭발하는 사고가 일어날 것이다. 하지만 그 정도 숫자의 사고로 다치거나 죽는 사람에게 손해배상을 한다고 하더라도 새로운 차가 워낙 많이 팔려서 막대한 이익금이 있기 때문에 경영에는 별 영향이 없을 것이다. 더구나 폭발의 원인이 항상 명확하게 밝혀지는 것도 아니다. 경제적인 득실만 따진다면 당연히 이 제안을 따르는 것이 합리적인(!) 판단이다. 양심이나 감정이 없이 자신과 주주의 이익만을 생각하는 CEO라면 당연히 이 의견을 받아들여야 한다. 실제로 입은 손해의 크기에 걸맞는 배상금을 지급하도록 하는 전통적인 손해배상책임으로는 이런 결과를 막을 수가 없다. 여기에서 징벌적 손해배상제도가 등장한다. 악의적이거나 극도로 심한 과실로 다른 사람의 신체나 재산에 손해를 입혔을 때는 실제로 입은 손해의 크기와 상관없이 거액의 배상금을 지급하도록 함으로써 다시는 그런 불법행위를 하지 못하도록 방지해야 한다는 것이다.

몇 년 전에 꼬리를 물었던 대기업 내에서의 성희롱 관행이 줄어드는 데도 징벌적 배상이 큰 역할을 했다. 회사 안에서 성희롱이 일어나는 것을 방지하기 위한 아무런 노력도 하지 않은 기업들에게 거액의 배상금을 물린 것이다. 당장 성희롱과 관련된 직원교육이 기업마다 시행되었다. 전통적인 방식대로 성희롱을 당한 피해자에게 소액의 손해배상금을 지급하도록 판결했다면 생각하기 어려운 일이었다. 영화 〈에린 브로코비치〉에서 보듯 환경을 오염시키는 기업에도 경종을 울린 사례가 많다.

하지만 징벌적 배상제도가 항상 좋은 결과만 가져오는 것은 아니다. 일확천금을 노린 일부 변호사들이 별다른 근거도 없는 소송을 남발해서 기업활동을 위축시키기도 했다. 기업의 입장에서는 재판을 끝까지 하면 이길 가능성이 있다고 하더라도 재판에 드는 법률비용과 회사 이미지 때문에 적당한 금액에 합의를 하게 된다. 물론 재판이라는 것은 결과를 정확하게 예측할 수 없기 때문에 만에 하나라도 패소할 경우 부담해야 할 거액의 손해배상금도 울며 겨자 먹기 식의 합의를 하게 되는 중요한 이유 중 하나였다.

성희롱 사건에서도 믿기 어려운 이야기가 떠돌아다니곤 했다. 상사와 부하직원이 미리 짠 다음에 부하직원이 성희롱 소송을 제기하면 상사가 법정에서 성희롱 사실을 인정하고 나중에 손해배상금을 나누어 가졌다는 것이다. 제도의 맹점을 악의적으로 이용한 사례들이기는 하지만 이런 사정 때문에 징벌적 배상제도에 반대하는 사람들도 많다. 징벌적 배상제도의 찬반론을 뜨겁게 달군 사건 중 하나가 맥도날드 커피 사건이다.

1992년 2월 27일 미국 뉴멕시코 주의 앨버커키에서 일흔아홉 살의 스텔라 리벡이라는 할머니가 동네에 있는 맥도날드 햄버거 드라이브 스루에서 49센트짜리 커피 한 잔을 주문한다. 리벡은 손자인 크리스가 운전하는 포드 승용차 조수석에 타고 있었는데, 크리스는 할머니가 커피에 크림과 설탕을 넣을 수 있도록 차를 길가에 세웠다. 무릎 사이에 커피가 든 컵을 끼운 채 뚜껑을 열려고 하던 리벡은 실수로 커피를 엎질렀다. 그녀가 입고 있던 면바지에 커피가 스며들어 허벅지와 엉덩이 그리고 사타구니에 심한 화상을 입었다. 병원으로 후송된 그녀는 전체 피부의 6퍼센트에 3도 화상을, 16퍼센트에 보다 가벼운 정도의 화상을 입은 것으로 진단받았다. 8일 동안의 입원과 피부이식, 그리고 2년간의 괴로운 치료가 뒤따랐다.

사건을 해결하는데 리벡과 맥도날드 사는 출발부터 입장이 완전히 달랐다. 치료비로 1만 1천 달러를 지출한 리벡은 맥도날드 사에 2만 달러를 요구했지만, 맥도날드 사는 단지 800달러를 제시했을 뿐이다. 리벡은 리드 모건이란 변호사를 고용했고 그는 뉴멕시코 주 법원에 소송을 제기했다. 맥도날드 사가 '비합리적으로 위험하고 결함이 있는' 커피를 판매한 '중대한 과실'을 저질렀다는 것이었다. 모건 변호사는 몇 차례 다양한 액수의 합의금을 제시했지만 맥도날드 사는 일언지하에 거절했다. 사건은 법정으로 가게 되었다.

재판과정에서 모건 변호사는 맥도날드 사가 가맹점에 섭씨 82도에서 88도의 상태로 커피를 판매하라고 내린 지침을 증거로 제시했다. 그 정도로 뜨거운 커피를 쏟으면 불과 몇 초 만에 심한 화상을 입게 된다는 것이다. 따라서 온도를 훨씬 낮추어서 만일 커피를 쏟더라도 화상을 입기 전에 제거할 수 있도록 하거나 60도가 넘는 커피는 아예 판매하지 말아야 한다고 주장했다. 그럼에도 불구하고 맥도날드가 이렇게 뜨거운 커피를 파는 것은 부당한 이익을 얻기 위해서라는 것이다. 증인으로 나온 맥도날드의 직원은 섭씨 55도가 넘는 음식은 어떤 것이든지 화상을 입을 위험이 있는데, 모건 변호사의 주장대로 하면 이보다 뜨거운 음식은 팔아서는 안 된다는 것이라고 말하면서 반박을 했다.

배심원들은 일반의 예상을 뒤엎고 맥도날드 측에 징벌적 배상을 명령했다. 당시 맥도날드 사가 커피판매로 얻는 수익은 하루에 12억

원이었는데 배심원들은 이틀치 수익금, 즉 24억 원의 배상을 하도록 한 것이다.

이 평결은 많은 비판을 받았고 징벌적 배상의 부작용을 보여주는 사례로 꼽히게 되었다. 이와 비슷한 사건에서 영국 법원은 손해배상 책임을 인정하지 않으면서 이렇게 판결했다.

"만일 이 주장을 받아들인다면 맥도날드 사는 화상을 일으킬 위험성이 있을 만큼 뜨거운 음료는 판매해서는 안 될 것이다. 증거에 의하면 섭씨 65도의 커피도 맨살에 2초 이상 닿으면 심한 화상을 입힌다. 그러므로 맥도날드 사가 책임을 면하려면 섭씨 60도 이하의 차와 커피를 판매해야 한다는 셈이 된다. 그러나 차가 최상의 맛을 내려면 끓는 물을 부어야 하고 커피도 섭씨 85도에서 95도가 되어야 맛있게 마실 수 있다."

미국 연방항소법원도 비슷한 판결을 내렸다. '번-오-매틱'이라는 회사를 상대로 제기된 유사한 내용의 소송에서 프랭크 이스터부룩 판사는 섭씨 82도의 커피는 '비합리적으로 위험한' 상품이 아니라고 판단했다. 판결 내용은 이렇다.

"커피의 맛과 향기는 끓이는 과정에서 커피콩으로부터 녹아나오는 향기를 품은 성분에 달려 있다. 이 성분을 파괴하지 않으면서 효과적으로 녹이기 위해서는 커피 온도가 섭씨 93도에 가까워야 한다. 커피를 마실 때 이 성분이 표면으로부터 증발하면 최상의 맛과 향기를 즐길 수 있는데, 그러려면 마실 때의 온도가 섭씨 65도에서 71도가 되어야 한다. 마실 때 그 정도가 되려면 커피포트 안에서는 당연히 훨씬 더 뜨거워야 한다. 커피를 따를 때 표면적이 증가해서 온도가 떨어지고, 컵이나 크림, 설탕, 그리고 젓는 스푼과 닿으면서 온도가 더 떨어지기 때문이다."

한마디로 커피는 뜨거워야 제 맛이 나는데 뜨거운 커피를 팔았다는 이유로 거액의 손해배상을 지급하라는 것은 잘못이라는 것이다. 징벌적 배상에 찬성하는 사람들 중에서도 리벡 사건에 대해서는 잘못이라고 말하는 사람이 적지 않았다. 단지 뜨거운 커피를 팔았다는 사실만으로 수십억 원의 손해배상을 물어야 한다면 사소한 잘못을 가지고 거액의 손해배상을 청구하는 불합리한 소송들이 빗발칠 것이 뻔했기 때문이다. 당장 사건을 담당했던 판사는 손해배상금이 부당하게 많다고 하면서 6억 원으로 낮추었고 결국 맥도날드와 리벡은 합의를 하고 소송을 종결하게 된다. 최종적인 합의금은 공개되지 않았지만 애초의 평결보다는 훨씬 낮은 금액으로 알려져 있다.

거대기업이 소비자의 위험을 도외시하고 탐욕스러운 행태를 보인다면 이를 바로잡을 수 있는 수단이 필요하다. 징벌적 배상은 지금까지 고안된 제도 중에서 가장 효과적인 것 중 하나임에 틀림없다. 그러나 아무리 좋은 제도에도 부작용이 따른다. 징벌적 배상제도가 가장 발달한 미국에서는 불합리할 정도로 고액의 손해배상금이나 이를 노리고 제기되는 수많은 소송을 막기 위해 법률을 개정해야 한다는 논의가 한창이다.

　우리나라에도 징벌적 배상을 도입하자는 주장이 많다. 특히 몇 년 전부터 담배소송이 제기되면서 그런 논의가 활발하게 이루어진다. 담배소송은 미국에서 대표적으로 거론되는 징벌적 손해배상사건이다. 담배회사에 책임을 묻는 근거를 간단히 얘기하면 담배제조회사가 담배에 발암물질이 있고 중독성이 있다는 것을 알면서도 이를 고의로 은폐해서 거액의 이익을 취했다는 것이다. 우리나라에서 제기된 소송도 기본적인 논리는 미국과 거의 같다. 담배소송의 결말이 어떻게 될지는 아직 알 수 없지만 만일 담배제조회사에 책임이 있다는 판결이 나오더라도 결과는 미국과 우리나라에 큰 차이가 있게 된다. 징벌적 배상제도가 있는 미국에서는 담배제조회사가 파산 위기를 맞을 정도로 거액의 손해배상판결이 나올 수 있지만, 우리나라에서는 소송을 제기한 개별적 피해자가 입은 손해에 해당하는 배상금의 지급을 명하는 판결을 할 수 있을 뿐이다. 담배소송을 담당하는 변호사들은 건강에 큰 피해를 주면서도 막대한 이익을 얻는 담배판매를 억제하기 위해서 우리나라에도 징벌적 배상제도를 도입해야 한다고 주장한다.

　징벌적 배상제도의 도입은 심도 있게 검토할 필요가 있다. 과거 대기업이 잘못을 저지르고도 큰 대가 없이 빠져나간 일이 많다는 것을 생각하면 도입의 필요성을 부정하기 어렵다. 그러나 자칫 부작용까지 함께 도입하는 실수를 저질러서는 안 될 것이다. 지나치게 고액의 손해배상판결이 나오거나 이를 노리는 소송이 남발하면 결국 기업의 정당한 활동은 위축되고 모험적인 사업은 하지 않게 될 것이 분명하기 때문이다.

리벡 사건에서 모건 변호사는 맥도날드가 손해배상을 하지 않으려면 섭씨 60도의 커피를 팔아야 한다고 주장했다. 그러나 커피 전문가가 아니더라도 커피의 맛과 향기를 즐기려면 이보다는 훨씬 뜨거워야 된다는 것을 누구나 안다. 한쪽 면만 보고 외국의 제도를 무분별하게 도입하면 그 부작용을 고스란히 감수해야 한다. 기업의 책임을 지나치게 엄격하게 따지다가는 우리는 미지근하게 식은 커피만을 사먹게 될지도 모른다.

3

리걸 마인드
─법으로 세상 읽기

가정의례에 관한 법률과 보신탕

• • •

그들은 정말 벨빌에서 온갖 일을 다 겪었다. 하지만 그들이 열어야 할 문을 열지 않은 채, 차압할 가구를 차압하지 않은 채, 쫓아내야 할 달갑지 않은 인물을 쫓아내지 않은 채 그 장소를 떠난 적은 결코 없었다. 단 한 번도! 그들 일곱 명은 결코 실패한 적이 없었다. 그들에게는 법이라는 무기가 있었던 것이다. 아니, 그들이 바로 법이었고, 법률의 위족(僞足)이었고, 선매(先買)의 기사였고, 허용 한계를 지키는 신성한 파수꾼이었다. 그들에게도 영혼이 있었다. 그 영혼을 둘러싸고 있는 튼튼한 근육도 있었다. 그들은 위로의 말과 행동을 나누곤 했는데, 그건 여자 고객이 바라서이기도 했지만 그들로서는 언제나 마땅히 해야 할 일을 하는 것이었다. 그들은 인간, 요컨대 훌륭한 사회적 동물이었으니까.

—『말로센 말로센』, 다니엘 페나크

1999년 폐지되기 전까지 검사들을 무척이나 곤혹스럽게 만든 법률이 있었다. 바로 가정의례에 관한 법률이다. '허례허식을 일소하고 그 의식절차를 합리화함으로써 낭비를 억제하고 건전한 사회기풍을 진작하는 것을 목적'으로 한다는 이 법은, 그러나 개인의 양식에 맡

겨야 할 문제를 형벌로 다스림으로써 적지 않은 부작용을 낳았다. 법률 내용도 기계적이어서 법의 적용에 탄력성을 갖기도 어려웠다. 무엇보다도 결혼식장에서 하객에게 음식을 제공하거나, 상가(喪家)에는 열 개, 결혼식장에는 세 개가 넘는 화환을 진열하면 처벌하는 규정을 둔 것이 현실에 적용하기 쉽지 않았다.

어느 나라에나 현실과 맞지 않는 법률이 있다. 이런 현상은 주로 기존에 만들어진 법률이 사회가 변화하면서 더 이상 적용하기 힘든 낡은 것이 되었는데도 정식으로 폐지되지 않고 남아 있는 경우에 생긴다. 예를 들어 미국 매사추세츠 주에는 장례식장에서 세 개가 넘는 샌드위치를 먹으면 위법이라는 규정과, 목욕을 하지 않고 잠자리에 드는 것을 금지하는 규정이 있다고 한다. 이런 불합리하고 시대착오적인 법률이 큰 문제를 일으키지 않는 것은 실제로 적용되지 않고 사문화(死文化)되기 때문이다. 경찰관들이 장례식장을 돌아다니면서 샌드위치를 지나치게 많이 먹는 사람이 있는지 감시하거나 목욕을 하지 않고 자려는 사람들을 단속하지 않는 이상, 법전에 조금 특이한 법률이 있어도 사람들의 생활에 별다른 불편을 주지는 않는 것이다.

가정의례에 관한 법률도 가만히 놓아두었으면 아마 이런 낡은 법률들과 운명을 같이 했을 것이다. 원래 장례식이나 결혼식과 같은 행사는 가정에서 알아서 적절하게 치를 일이지 정부가 간섭할 만한 일이 아니기 때문이다. 그러나 가정의례에 관한 법률은 그런 길을 걷지 않았다. 이 법에는 강력한 수호천사가 있었던 것이다.

지금 이름은 기억나지 않지만 1990년대 후반까지 카메라 하나를 들고 전국을 돌아다니며 상가와 결혼식장에 진열된 화환을 촬영해서 고발을 하던 사람이 있었다. 연세가 꽤 있는 노인이었는데 허례허식의 추방과 가정의례에 관한 법률의 준수를 필생의 업으로 여기는 분이었다. 이 분의 행동을 폄하할 생각은 없다. 법을 지키자는 주장이 잘못되었다고 보기도 어렵고 자기 돈을 써가면서 위법행위를 적발해서 신고를 하는 것은 어떤 면에서 사회에 공헌하는 행동이라고도 볼 수 있다. 문제는 이렇게 고발된 사건을 처리하는 것이 곤혹스러운 경우가 많다는 것이다.

장례식이나 결혼식을 치르면서 법률이 정한 것보다 화환을 몇 개 더 놓아두었다고 해서 정식으로 기소해 재판을 받게 할 수는 없기 때문에 20만 원에서 30만 원 정도의 벌금을 정해 약식기소를 하게 되는데, 그럼에도 불구하고 당사자들의 항의가 빗발쳤다. 사랑하는 가족을 잃거나 한 쌍의 젊은이가 새로운 인생을 설계하는데 위로나 축하는 못 해줄망정 벌금이 웬말이냐는 것이다. 그렇다고 해서 기소유예를 하거나 증거가 부족하다는 이유로 무혐의 처분을 하면 고발을 한 그 '수호천사'가 반드시 항고를 했다. 이러지도 못하고 저러지도 못하는 상황이었다.

검사들도 곤혹스러워했지만, 더욱 곤란을 겪은 것은 병원 영안실을 운영하는 사람들이었다. 지금은 병원 장례식장이 체계적으로 관리가 되고 기업 형태로 운영되지만 당시에는 대형 종합병원 영안실에서도 부당한 폭리를 취하는 일이 많았고, 심지어 조폭이 경영에 관여한다는 소문도 있었다. 그런데 이런 거친 세계에서 일하는 사람들이 그 노인이 카메라를 들고 출현하면 벌벌 떠는 것이다. 화환사진을 찍어가서 고발을 하면 유족들의 거센 항의를 받게 되기 때문이었다. 영안실 관리자들은 화환이 들어올 때마다 부지런히 치우고 리본만 벽에 붙여놓게 되었다. 변사체 검시를 가면 심심풀이 삼아 영안실 직원들에게 이 노인 얘기를 묻곤 했는데, 괴로운 표정으로 어려움을 호소하는 사람들이 많았다.

나도 이런 화환 사건을 몇 건 처리한 경험이 있다. 고발인을 소환해서 조사를 하는데 갑자기 조용한 목소리로 중요한 범죄정보를 알려주겠다는 것이었다. 무슨 일이냐고 물었더니 들고 온 가방에서 주섬주섬 사진을 몇 장 꺼내서 건네주었다. 사진에는 그 당시 유명한 고위 공직자의 상가 모습이 찍혀 있었는데 얼핏 보기에도 수십 개는 더 되어 보이는 대형 화환이 진열되어 있었다. 그 사진을 제공할 테니 수사를 해보라는 것이었다. 사회 부조리를 뿌리 뽑겠다는 정의감이 약한 탓이었는지는 몰라도 그 '범죄정보'를 이용한 수사는 해볼 생각이 들지 않았다.

도덕이나 윤리로 규율해야 할 문제에 법률이 무리하게 개입하면 이런 문제가 생긴다. 결국 1999년 헌법재판소는 가정의례에 관한 법률조항 중에서 결혼식장에서 음식을 제공하면 처벌하도록 규정한 부분에 대해서 위헌판결을 선고했고, 얼마 지나지 않아 법 전체가 폐지되고 말았다. 그러나 사회의 모든 현상을 법률을 동원해서 규율하려고 하는 현상은 드물지 않다. 심지어 먹는 문제에서까지 법률공방이 벌어진다. 보신탕이 대표적인 경우다.

'축산물가공처리법'이란 법률이 있다. 축산물의 위생적인 관리와 품질향상을 위해 만들어진 법이다. 이 법에서는 식용동물 13가지에 대해서 사육, 도살, 처리에 필요한 절차와 조건 등을 정하고 있는데, 소, 말, 양, 돼지, 닭, 오리, 사슴, 토끼, 칠면조, 거위, 메추리, 꿩, 당나귀가 바로 이 법에서 정한 13가지 식용동물이다. 그런데 여기에는 우리나라에서 식용으로 쓰이는 중요한 동물 하나가 빠져 있다. 육류 중 소, 돼지, 닭에 이어 소비량으로 4위에 해당하는 것, 바로 보신탕의 원료, 개고기다.

개고기를 둘러싼 논쟁은 우리 사회를 뜨겁게 달궈왔다. 많은 사람들이 여름이면 보신탕을 즐기지만 또 다른 많은 사람들은 개고기를 먹는 데 반대한다. 프랑스 여배우 브리지트 바르도를 비롯해서 외국 사람들 중에도 우리의 보신탕 문화를 비난하는 사람들이 있다. 이 논쟁은 결국 법적인 문제로까지 비화하게 된다. 바로 축산물가공처리법의 개정을 둘러싸고 일어났던 공방이다.

2001년, 여야 의원 20명은 축산물가공처리법 시행령을 개정하여 식용동물에 개를 포함시키자는 발의를 한다. 당시에도 물론 수많은 보신탕집이 있었고 많은 사람들이 개고기를 즐겨 먹었다. 그러나 국회의원들이 개고기를 법률에 넣으려고 한다는 소식이 전해지자, 마치 그때까지 불법이었던 개고기 소비가 이 법률을 통해서 합법화되는 것처럼 오해가 일어났다. 동물보호협회들이 들고일어났고 국회 앞에서는 연일 시위가 벌어졌다. 결국 축산물가공처리법 개정안은 폐기되고 말았다. 개고기 식용 반대론자들이 이긴 것이다.

그런데 정말 개고기 반대론자들이 승리했다고 봐야 할까? 지금도 전국 방방곡곡에 수많은 보신탕집들이 버젓이 영업을 하고 있다. 이 많은 보신탕집들이 법망을 피해서 몰래 개고기를 팔고 있을까. 그렇지 않다. 이런 현상은 당시 법 개정에 반대했던 사람들이 두 가지를 오해했기 때문에 빚어진 것이다.

우선 첫째로 축산물가공처리법에 개고기를 넣는 것은 그때까지 불법이던 개고기 식용을 합법화하는 것이 아니라는 점이다. 단지 공개적 논의 자체가 금기시되어 도축이나 판매 과정에서 아무런 규제를 받지 않던 개고기 유통을 양성화하여 위생적인 개고기를 소비자에게 제공하도록 하려던 것이다. 소나 돼지는 축산물가공처리법의 규율대상으로 명시되어 있기 때문에 도축을 하거나 가공을 하는 과정에서 법에 정한 위생기준을 지켜야 하고 불법적인 방법으로 처리하면 처벌을 받을 수도 있다. 하지만 개고기는 아예 규율대상에 포함되어 있지 않기 때문에 비위생적인 방법으로 처리를 하더라도 규제하기가 어렵다. 축산물가공처리법을 개정하여 개고기를 규율대상으로 포함시키려고 한 것은 이런 상황을 타개하려던 것이지 개고기 식용을 합법화하려던 것이 아닌데 법의 개정취지가 잘못 알려졌던 것이다.

또 하나는 보다 근본적인 문제인데, 이미 오랜 세월 동안 우리 사회에 음식의 하나로 자리 잡은 개고기를 단순히 법률로 금지하려는 것은 성공할 수 없다는 점이다. 법률이 규율해야 할 대상을 넘어서 모든 사회현상이나 문화를 법률로 재단하려는 것을 '법률만능주의'라고 하는데, 가정의례에 관한 법률의 예에서 보았듯이 바람직하지 못할 뿐만 아니라 성공할 수도 없는 정책이다.

과거 권위주의 시대에 경찰관들이 줄자를 들고 다니면서 젊은이들의 장발이나 미니스커트를 단속한 일이 있다. 심지어 가요를 심의해서 '왜색'이라는 불분명한 죄목을 붙여 금지곡으로 만든 일까지 있다. 요즘의 거리 모습을 보면 믿기지 않을지도 모르지만 장발의 청년이 경찰관을 피해 달아나고 경찰관들이 그를 쫓아가는 풍경이 사라진 것은 그리 오래된 일이 아니다. 모두 법률만능주의가 판치던 시대의 산물이다.

개고기를 먹을 것인가 말 것인가를 두고 토론을 벌일 수는 있다. 마찬가지로 지나치게 화려한 결혼식이나 장례문화를 비판할 수도 있다. 그러나 스스로 결정해야 할 문제들까지 법으로 규제하려는 법률만능주의는 이제는 버려야 할 낡은 버릇이다. 머리 스타일이나 스커트 길이, 상가에 진열하는 화환의 숫자까지 법으로 정하려는 것은 결국 국민들을 법의 주체가 아닌 규제나 지도의 대상으로 보는 것이기 때문이다. 설사 개고기를 먹거나 많은 수의 화환을 진열하는 것이 바람직하지 못하다고 해도 이러한 문제는 사회적 합의를 통해서 해결해 나가야 한다.

  법률로 모든 것을 해결하려는 시도는 주로 강권통치나 엄격한 통제가 이루어지는 사회에서 여러 번 행해졌지만 사회변화나 문화현상까지 규제하려는 법률만능주의는 한 번도 성공한 일이 없다. 지금 거리를 활보하는 젊은이들의 자유분방한 옷차림이나 아직도 성업 중인 많은 보신탕집들이 이것을 증명하고 있다.

사이버 포르노의 시대

. . .

아버지는 내게 함께 스웰 호수 가에서 며칠 캠프나 하고 오자고 했다. 우리는 낮 동안 낚시하는 시늉을 했지만 실상은 말없이 침잠한 채로 주위의 아름다움을 바라보고 있었다. 우리는 새로운 기운을 얻었으며 원래의 본성이 그랬던 만큼 침착해져서 집으로 돌아왔다. 그런데 어머니가 손에 책 한권을 들고 거실에 앉아 있다가 마치 그리스 비극 속에서나 봄직한 독특한 표정으로 우리를 쳐다보았다. 그녀는 그 책을 아버지에게 내밀었다.

"이 애가 이런 책을 읽는다는 사실을 아셨어요?"

나는 전에는 한 번도 '서슬이 퍼런' 이라는 단어의 의미를 오늘날 소설에서 흔히 쓰이는 그런 의미에서 이해한 적이 없었다. 어머니의 말투는 그만큼 서슬이 퍼랬던 것이다. 그녀가 던진 질문은 질문이라기보다는 일종의 수사(修辭)였다. 아버지는 그 책을 받아들고는 불안스런 눈길로 내려다보았다.

"《꿈의 해석》이라."

아버지는 표지에 인쇄된 제목을 읽었다.

"모르겠는걸. 들어본 적도 없소."

"금서라는 것이 있어야 한다면 바로 그 책이 금서가 돼야 해요. 아주 더러운 책이에요! 처음부터 끝까지 철저히 더럽다구요. 이건 타락이에요. 독일인이 쓴 더러운 책이구요. 난 도저히 이런 책을 우리 집에 둘 수 없어요! 당신이 읽어 보세요, 짐. 내가 종이를 끼워 표시해 놓은 곳만 읽어보세요. 그럼 제 말뜻을 아실 거예요! 아시게 될 거라구요! 이 사악하고 불결하며 더럽고 타락한 책과 같은 방에 있는 것조차 역겨워요!"

─『숨어 있는 남자』, 로버트슨 데이비스

과학기술의 발달은 법에도 큰 영향을 미친다. 전에 존재하지 않던 새로운 물건이 발명되면 그 사용을 규제하기 위한 법률이 만들어진다. 비행기가 생겨난 이후 만들어진 항공 관련 법규, 컴퓨터와 인터넷의 출현 이후 나타난 개인정보 보호 혹은 해킹방지 관련 규정 등이 여기에 해당한다.

기존에 있던 물건이더라도 그 성분이나 효과가 새롭게 밝혀져서 법적인 규율대상이 되기도 한다. 한때 민간에서 만병통치약으로 사랑받던 아편이 그 중독효과가 널리 알려지면서 지금은 강력한 금지의 대상이 된 것이 그 예의 하나다. 현대사회에서 과학기술이 발달하면서 수많은 법적 논란을 불러일으킨 흥미 있는 소재가 또 하나 있다. 바로 음란물, 흔히 말하는 포르노가 그것이다.

음란물을 둘러싼 많은 쟁점 중 첫 번째는 과연 어떤 것을 음란물로 보아야 하느냐는 문제이다. 수십 년 전의 과거는 말할 것도 없고 현재도 많은 국가에서 음란물을 만들거나 판매하는 사람을 처벌하고 있다. 반면에 예술작품으로 인정받는 것은 금지는커녕 칭송의 대상이 된다. 어떤 것을 음란물로, 어떤 것을 예술품으로 보아야 하는지는 현실에서 감옥에 가느냐 마느냐의 문제가 될 수도 있는 것이다.

누가 보아도 예술작품이 분명한 경우에는 아무런 문제가 없다. 보티첼리의 〈비너스의 탄생〉에 아무 것도 걸치지 않은 여성이 등장한다고 해서 그 작품이 실린 미술서적들을 출판한 사람들을 잡아들여야 한다고 주장하는 사람은 (아마도!) 없을 것이다. 그런가 하면 누구의 눈에나 문제가 있다고 보이는 '작품'의 경우도 판단은 어렵지 않다. 인터넷에 돌아다니는 수많은 야동을 예술품이라고 아무리 진지하게 우겨봤자 웃음거리가 될 뿐이다.

문제는 그 경계선에 있는, 혹은 그 경계선에 있다고 여겨지는 것들이다. 우리나라에서는 마광수의 소설 『즐거운 사라』, 장정일의 소설 『내게 거짓말을 해봐』, 그리고 이현세의 만화 『천국의 신화』 같은 것들이 음란물인지를 놓고 치열한 법정공방이 펼쳐진 일이 있다.

문제를 더 어렵게 만드는 것은 음란물의 개념이 시대가 변화하면서 달라진다는 것이다. 1928년에 나온 D. H. 로렌스의 소설 『채털리 부인의 사랑』은 출간 당시 외설로 몰려 판금의 대상이 되기도 했지만 지금은 당당한 문학작품으로 인정받고 있다. 오늘 음란물이라고 손가락질을 당하는 것들 중에서 수십 년이 흐른 후에는 칭송받는 예술품이 되지 말라는 법은 없는 것이다.

이 문제에 관해서 가장 기억에 남는 발언을 한 사람은 포터 스튜

어트라는 미국 연방대법관이다. 〈연인들〉이라는 제목의 프랑스 영화를 상영한 죄로 벌금 2천 5백 달러를 선고받은 사건에 대한 판결문에서 그는 "(음란물이 어떤 것인지 명확하게 정의하기는 어렵지만) 그걸 보면 안다(I know it when I see it)"라는 유명한 말을 남겼다.

'보면 안다'는 말은 대단히 시사적이다. 이 말에는 사람들이 스스로 어떤 것이 음란물인지 아닌지 판단할 수 있다고 생각한다는 의미가 담겨 있다. 표현의 자유에 관한 판례를 줄줄 외우지 못한다고 해서 자기가 포르노를 몰라볼 것이라고 자신 없어하는 사람은 없다는 뜻이다. 또한 이것은 각자 나름대로의 기준이 있기 때문에 판단하는 사람의 수만큼이나 다양한 견해가 존재한다는 뜻이기도 하다.

어떤 사람에게 특정한 사진이나 동영상을 보여주면서 그것이 음란물인지, 혹은 허용되어야 할 작품인지 물어본다고 상상해보자. 아마도 거의 모든 경우에 즉각적인 대답을 얻을 수 있을 것이다. "이게 무슨 예술품이라는 겁니까. 저질 포르노지" 혹은 "이건 음란물이라고 하기 어렵죠"라는 말을 하면서 물어본 사람에게 그런 것도 모르냐는 표정을 지어보일지도 모른다. 하지만 똑같은 대상을 놓고 모든 사람이 같은 판단을 할까. 그렇지 않다. 누구나 비슷한 결론을 내린다면 수많은 법정에서 수많은 책과 영화를 놓고 논쟁이 벌어진 이유를 설명할 수 없다. 법학 책에 등장하는 개념 중에서 음란물이 정의하기 어려운 것들 중 하나로 꼽히거나, 심지어 저명한 법관의 입에서 어찌 보면 무책임한, '보면 안다'라는 말이 나오는 것은 음란물의 범위를 명확하게 정하는 것이 얼마나 어려운지 여실히 보여준다.

음란물을 둘러싼 보다 본격적인 공방은 포르노를 허용해야 한다는 주장이 등장하면서부터 벌어진다. 이것은 어떻게 보면 정말 획기적인 주장이다. 성에 관한 것이면 무엇이든지 부끄러워하는 본능에 가까운 정서에 더해서 오랜 세월 동안 음란한 물건은 당연히 금지되는 것으로 배워온 사람들이 마침내 반기를 든 것이다.

이런 주장은 대체로 두 가지 종류로 정리해볼 수 있다. 우선 첫째는 포르노를 허용해야 한다고 정면으로 내세우는 입장이다. '살인이나 전쟁은 범죄다. 하지만 살인을 묘사한 책이나 영화는 금지되지 않는다. 섹스는 범죄도 아니고 해롭지도 않다. 그런데 섹스를 묘사하는 행위가 왜 금지되어야 하는가'라는 식의 주장이 바로 그것이다. 포르노를 만드는 것도 표현의 자유로서 허용되어야 한다는 것이다.

두 번째 주장은 보다 현실적인 맥락에서 나온다. 인터넷과 초고속 통신이 발달하게 되어 포르노의 유통을 통제하는 것이 실제로 불가능에 가까워졌기 때문에 억지로 금지하려고 해봤자 소용이 없다는 것이다. 한때 포르노는 구하기 힘든 귀한 것이었다. 두려움과 부끄러움을 꾹 참고 세운상가 한귀퉁이에서 어렵게 사온 도색잡지를 서로 돌려보던 풍속은, 이제는 담배를 권하는 모습과 함께 기억의 저편으로 사라졌다. 한때 유행했던 '김본좌 어록'에 등장하는 "하드에 야동 하나 없는 자, 나를 돌로 쳐라"라는 말처럼 누구나 쉽게 포르노를 구할 수 있는 세상이 된 것이다. 수없이 많은 사람들이 포르노를 소지하고, 또한 돌려보는 상황에서 단속에 걸린 사람들만을 처벌하는 것은 형평에도 맞지 않고 자칫 법을 웃음거리로 만들 수 있다.

이러한 주장에 대해서는 물론 강력한 반론이 있다. 포르노는 사회를 오염시키는 것이기 때문에 금지해야 하고 음란물을 제작하거나 판매하는 사람은 처벌해야 한다는 것이다. 포르노의 악영향으로 열거되는 것도 많다. 사회풍조를 문란하게 한다거나 성폭력, 성매매 같은 범죄를 조장한다는 등의 주장이 그것이다. 물론 포르노를 허용해야 한다는 쪽에서는 그런 주장에 실증적인 근거가 없다고 반박한다. 포르노가 허용된 사회라고 해서 도덕이 땅에 떨어지지도 않고 성범죄가 더 많이 일어나지도 않는다는 것이다. 포르노 금지론자들은 이런 반박에 대해서 포르노는 그 자체로 평범한 사람들의 정서에 충격을 주기 때문에 현실적으로 악영향이 있다는 것을 증명할 수 없더라도 금지해야 한다는 논리를 편다.

포르노가 실제로 윤리의식을 떨어뜨리는지, 혹은 성범죄를 유발하는지는 논란의 여지가 있다. 하지만 음란물을 허용해야 한다는 입장에서도 모든 종류의 포르노를 다 허용해야 한다고 하지는 않는다. 누구나 엄격하게 금지되어야 한다는 데 동의하는 대표적인 것이 어린이를 이용해서 만든 아동 포르노다.

아동 포르노는 상식을 가진 사람 누구에게나 양심에 큰 충격을 주겠지만, 무엇보다도 동원되는 어린이들의 정신과 육체에 씻을 수 없는 상처를 준다는 점에서 용서할 수 없는 것이다. 한때 제3세계에서 납치되거나 입양된 어린이들을 이용해서 포르노를 제작하는 범죄가 유행하던 적이 있다. 10대 초반의 아이들에게 포르노 출연을 강요하는 것은 물론이고 심지어 아직 성징(性徵)이 나타나지 않은 아주 어린아이들에게 성행위를 흉내내게 하는 경우도 있었다. 이런 일을 당한 어린이들은 조로(早老)하는 경우가 많고 심한 경우에는 일찍 죽기도 한다고 한다.

그렇기 때문에 문명국이라면 어느 국가나 아동 포르노를 엄격히 금지한다. 음란물을 규제하는 국가에서도 포르노를 제조하거나 판매하는 사람은 처벌해도 단순히 소지하고 있는 사람은 처벌하지 않는 경우가 많은데, 아동 포르노는 소지하는 것만으로도 무거운 벌을 받는다. 몇 년 전에는 유명한 록 밴드 '더 후(The Who)'의 멤버 피트 타운젠드가 아동 포르노 사이트에 들어가 클릭을 했다는 이유로 체포된 일도 있다.

그런데 과학기술의 발달은 불행히도 아동 포르노에까지 영향을 미치게 된다. 보다 정교해진 컴퓨터 그래픽 덕분에 사람들은 실제로 어린이를 등장시키지 않고도 아동 포르노를 만들 수 있게 되었다. 〈매트릭스〉나 〈디 워〉를 만들어낸 기술이 사이버 아동 포르노를 가능하게 한 것이다. 이런 '발명'을 해낸 사람들이 스스로 부끄러워하면서 몰래 그 기술을 이용했을까? 그렇지 않다. 사이버 아동 포르노는 법정공방의 전면에 등장해서 많은 판례와 논문의 소재가 된다. 원래 표현의 자유에 관한 법률적 이론은 위대한 예술작품보다는 쓰레기 같은 포르노를 놓고 발달해왔는데 급기야 누구도 생각하지 못했던 가장 천박하고 저질스러운 소재가 등장한 것이다.

저명한 법학자들과 법률가들은 이 문제를 해결해야 하는 곤혹스러움에 당면하게 되었다. 가장 유명한 사건은 사이버 아동 포르노를 금지하는 법률이 표현의 자유라는 헌법상의 권리를 침해하는지에 관한 것이다.

1996년 미국의회는 아동 포르노 방지법(Child Pornography Prevention Act, CPPA)이라는 법률을 통과시킨다. 이 법은 실제 미성년자를 등장시킨 포르노뿐만 아니라, 컴퓨터 이미지 합성이나 기타 다른 방법을 통해서 미성년자가 성적인 행위를 하는 인상을 주는 것들도 금지하는 내용을 담고 있었다. 성인들이 섹스를 하는 동영상에서 얼굴 부분을 제거하고 어린이들의 얼굴사진으로 대체한 것, 아예 처음부터 컴퓨터로 만들어낸 아동 포르노 이미지, 나이에 비해 유난히 동안인 성인들을 마치 미성년자인 것처럼 등장시킨 포르노가 실제 아동 포르노와 함께 처벌의 대상이 된 것이다.

이 법에 대한 도전이 시작되는 데는 오랜 시간이 걸리지 않았다. 자유표현연합(Free Speech Coalition)이라는 이름의 단체에서 위헌 소송을 제기한 것이다. 자유표현연합은 이름은 그럴듯하지만 성인

ⓒ연합뉴스

어린이가 등장하는 포르노를 추방해야 한다는 것은 논리 이전에 상식이나 양심의 문제 아닐까. 모니터 화면에서 어린이들이 성행위를 하는 장면을 보면서, "이건 실제로 찍은 것이 아니라 단지 수백만 개의 컴퓨터 픽셀이 합성된 것일 뿐이야."라고 마음 편히 말할 수 있을까.

용품이나 포르노를 제작하는 업체들의 모임이다. 하급심의 판결은 엇갈렸다. 미국의 고등법원 격인 순회법원(Circuit Court) 5곳 중 4개의 법원은 이 법률이 합헌이라고 판결했고 한 곳에서는 위헌이라는 판결이 나왔다. 통일된 결론을 내기 위해서 연방대법원이 나서게 되었다.

연방대법원에서의 심리과정에서 법률의 합헌성을 주장하는 정부는 네 가지 근거를 제시했다. 우선 첫째로 정부는 사이버 아동 포르노가 비록 간접적이지만 실제로 어린이에게 해를 끼친다고 주장했다. 사이버 포르노는 어린이에 대한 성적 학대를 유발할 수 있다는 것이다. 그러나 대법원은 이 주장을 받아들이지 않았다. 사이버 아동 포르노와 어린이에 대한 성적 학대는 직접적인 관련이 없다는 이유에서였다.

정부의 두 번째 근거는 사이버 아동 포르노를 본 사람들이 범죄를 저지르는 경향이 높아진다는 것이었다. 대법원은 이 주장도 받아들이지 않았다. 범죄를 유발할지 모른다는 막연한 예상만으로 표현의 자유를 제약할 수는 없다고 판단한 것이다.

세 번째 근거는 사이버 아동 포르노를 금지함으로써 실제 어린이를 이용한 포르노 시장도 위축시킬 수 있다는 것이다. 대법원은 이러한 주장을 반박하면서 오히려 반대의 논리를 폈다. 만일 사이버 아동 포르노를 허용한다면 포르노 제작업자들이 실제 어린이를 이용한 포르노 제작을 포기할 가능성이 높다는 것이다. 처벌의 위험없이 사이버 아동 포르노를 만들어서 판매할 수 있는데 위험을 무릅쓰고 실제 아동 포르노를 만들 이유가 없기 때문이다.

정부의 마지막 주장은 보다 현실적인 것이었다. 컴퓨터 그래픽의 발달로 사이버 포르노와 실제 어린이를 사용한 포르노를 구별하기 어려워졌기 때문에 사이버 아동 포르노를 허용하면 수사가 힘들어진다는 것이다. 그러나 대법원은 단지 위법행위와 유사하다는 이유만으로 어떤 행위를 처벌할 수는 없다고 하면서 이 주장도 받아들이지 않았다.

결국 대법원은 아동 포르노 방지법이 표현의 자유를 침해하는 것으로서 위헌이라고 판결한다. 정부가 주장하는 근거를 반박하면서 대법원이 내세운 논리는 우선 사이버 아동 포르노를 제작하는 행위가 실제로 어린이를 학대하는 것은 아니라는 것, 사이버 아동 포르노를 처벌하지 않고 실제 아동 포르노의 제작만을 처벌함으로써 어린이를 학대해서 포르노를 제작하는 것을 억제할 수 있다는 것이었다. 또한 대법원은 만일 사이버 아동 포르노를 금지하게 되면 미성년자의 성적인 행동이 나오는 예술작품도 잠재적으로 처벌의 위험에 놓이게 된다는 점을 강조했다. 구체적으로 보면 열세 살의 줄리엣이 등장하는 〈로미오와 줄리엣〉, 미성년자의 성적인 행위가 나오는 〈트래픽〉이나 〈아메리칸 뷰티〉 등도 금지될 수 있다는 것이다.

자, 어떻게 보아야 할까. 논리적으로 보면 연방대법원의 판단이 옳은 것으로 보일지 모른다. 처음부터 포르노를 전부 금지하고 제작자나 판매업자를 처벌하면 모를까 포르노를 허용하는 마당에 어린이를 실제로 등장시키지 않고 컴퓨터로 만든 이미지를 금지하는 것은 마땅한 이유를 찾기 어렵다. 만일 사이버 아동 포르노가 어린이에 대한 성적 학대를 유발한다거나 범죄를 저지르도록 유도한다고 생각한다면 여성에 대한 부당한 편견을 심어주는 경향이 심한 포르노 전체를(예를 들어 여성은 성적인 학대를 당할 때도 쾌감을 느낀다는 식의 내용이 담긴) 금지해야 할 것이다. 똑같은 논리로 그런 포르노를 본 사람은 성폭력을 저지를 위험성이 높아진다고 할 수 있기 때문이다.

그러나 과연 사이버 아동 포르노 문제를 그렇게 볼 수 있을까. 어린이가 등장하는 포르노를 추방해야 한다는 것은 논리 이전에 상식이나 양심의 문제 아닐까. 모니터 화면에서 어린이들이 성행위를 하는 장면을 보면서, "이건 실제로 찍은 것이 아니라 단지 수백만 개의 컴퓨터 픽셀이 합성된 것일 뿐이야"라고 마음 편히 말할 수 있을까.

그럴 수는 없다고 생각한다. 표현의 자유는 어떠한 일이 있어도 지켜내야 할 가치임에 틀림없고 혐오스럽다는 이유만으로 제약할 수 없는 것은 분명하지만 그렇다고 해도 최소한의 한계도 없다고 할 수는 없다. 그렇기 때문에 미국을 제외한 영국, 캐나다 등 포르노가 허용된 국가에서도 사이버 아동 포르노를 엄격히 금지하는 법률이 존재하고 있는 것이다.

물론 사이버 아동 포르노를 금지함으로써 미성년자가 성적인 행동을 하는 내용을 담은 예술작품의 창작이 억제될 위험이 있다고 주장하는 사람도 있을 수 있다. 〈로미오와 줄리엣〉을 쓴 셰익스피어나 〈롤리타〉를 쓴 블라디미르 나보코프도 처벌하란 말이냐고 핏대를 높이는 사람도 있을지 모른다. 그러나 예술적 가치를 담고 있는 문학이나 미술작품, 영화와 포르노는 분명히 구별할 수 있다. 그 구별의 기준이 무엇이냐고 고집스럽게 묻는 사람을 만난다면 나는 이렇게 말하고 싶다. "보면 안다."

"당선되면 무보수로 일하겠습니다."

"두 후보님께 감사드립니다. 저희는 다른 대통령 후보들의 경우와 마찬가지로, 두 분 후보를 구분하는 가장 중요한 요소는 바로 인격이라 생각하고 있습니다. 주어진 쟁점에 있어 후보나 대통령이 올바르게 생각하느냐 잘못 생각하느냐의 문제보다 더 중요한 것은 그 사람의 밑바탕에 있는 근본적인 힘, 그 사람의 인격에 달려 있다는 것입니다. 저희는 이번 선거에서 이 문제가 무엇보다 중요한 쟁점이라는 결론에 도달했습니다. 그것이 앞으로 90분간 후보님들과 다룰 토론 주제입니다. 우선 다양한 쟁점들과 다양한 배경의 국민들에 대한 두 분 후보의 기본적인 태도를 알아보기 위한 질문, 궁극적으로 당신은 어떤 사람입니까로 귀결되는 질문들을 여쭈어보겠습니다."

—『마지막 토론』, 짐 래러

선거 때가 되면 후보자들은 유권자들의 마음을 얻기 위해서 어떤 노력도 마다하지 않는다. 새로운 정책이나 공약을 들고 나오기도 하지만 헌신하는 자세를 보여주려고 갖은 방법을 다 동원한다. 자신이 출마하는 것은 개인적인 이익을 추구하는 것이 아니라 사회에 봉사하려는 마음에서 비롯된 것이라고 동기의 순수성을 강조하기도 한다. 그 과정에서 실제로 어떤 후보들은 자신이 선출되면 법에 정한 보수를 받지 않거나 일부만을 받겠다고 약속하는 경우까지 있다. 지난 대선에서 한 후보는 심지어 전 재산을 사회에 헌납하겠다고 공언하기까지 했다. 과열된 선거운동 과정에서 생긴 일이기는 하지만 수십 년 전에나 생각할 수 있었을 것 같은 재산헌납이라는 공약까지 등장하니 우리나라 정치의 수준을 보는 것 같아서 쓴웃음을 짓게 되었다. 하지만 당선에 모든 것을 거는 것은 어느 선거에서나 어렵지 않게 찾아볼 수 있는 풍경이다.

대선에 출마해서 정권에 도전하거나 총선에 출마해서 금배지를 달겠다는 후보자들의 열망은 대단하다. 당선만 된다면 보수 정도는 쉽게 포기할 수 있을지도 모른다. 하지만 당선되면 돈을 받지 않고, 혹은 법에 정한 것보다 적게 받고 일하겠다는 약속은 아무런 문제가 없을까. 재산을 사회에 헌납하겠다는 공언은 선거법과 충돌하지 않는 것일까. 이런 공약이 문제가 되었던 사례[8]가 있다.

1979년 미국 켄터키 주 제퍼슨 카운티의 집행관 선거에 칼 브라운이라는 후보자가 출마한다. 그해 8월 15일 TV로 중계되는 기자회견에서 브라운은 다른 지역구에 출마한 같은 당 후보 빌 크리치와 함

---

[8] 브라운 대 하틀리지 사건, Brown v. Hartlage, 456 U.S. 45

께 이렇게 말한다. "우리 카운티에는 세 명의 파트타임 집행관이 있습니다. 그들은 각각 2만 달러의 연봉을 받고 있죠. 이것은 상근으로 근무하는 카운티 법관의 연봉과 같은 금액으로 터무니없는 고액입니다. 전임 집행관은 재임 중 자신의 연봉을 두 배 이상 인상했습니다. 법의 맹점을 이용해서 개인의 이익을 취한 것이지요. 모두 납세자의 부담으로 돌아가는 것입니다. 우리는 이런 고액의 연봉을 받을 생각이 없습니다. 만일 당선되면 우리의 결의를 보여드리기 위해서 첫 번째 회계연도부터 집행관의 연봉을 삭감하겠습니다. 매년 3천 달러씩 연봉을 삭감한다면 결국 3만 6천 달러를 납세자에게 돌려드리게 될 것입니다."

그러나 기자회견을 가진 지 얼마 되지 않아 브라운은 자신의 '공약'이 켄터키 주 부패방지법에 위반될 가능성이 있다는 지적을 받는다. 브라운과 동료는 공개적으로 공약을 철회한다고 발표한다. "켄터키 법원 판례와 주 검찰총장의 의견을 참조한 결과, 당선되면 보수를 삭감하겠다는 우리의 공약이 법에 위반될지도 모른다는 것을 알게 되었습니다. 그러므로 전에 했던 공약을 정식으로 철회하는 바입니다. 그 대신 다음번 회기에 이와 같이 잘못된 법을 개정하도록 노력할 것을 약속드립니다."

보수를 삭감하겠다는 약속 때문인지는 알 수 없지만 그 해 선거에서 브라운은 카운티 집행관으로 당선되었다. 그러나 상대 후보는 브라운의 공약이 부패방지법을 위반했다고 하면서 선거무효 소송을 제기했다. 문제가 된 법조항의 내용은 이렇다.

"후보자들은 투표의 대가로 당선되었을 때, 어떠한 지출이나 대여, 약정, 계약을 하겠다고 약속해서는 안 된다. 어떠한 후보자도 지지의 대가로 금전적인 약속을 해서는 안 된다……"

이 법은 후보자가 어떤 방식으로든지 표의 대가로 유권자에게 금품을 제공하거나 경제적인 이익을 약속하는 것을 금지하고 있다. 브라운은 당선되면 보수를 적게 받겠다고 약속했고, 이를 지킬 경우 각각의 유권자들이 부담하는 세금은 극히 조금씩이라도 줄어든다. 그러므로 순전히 논리적으로만 볼 때는 결국 표의 대가로 금전적인 이익을 약속했다고 볼 여지가 있는 것이다. 켄터키 주 법원은 브라운의 상대방이 낸 이러한 주장을 받아들인다. 비슷한 내용의 선례도 있었다. 1960년 켄터키 주 항소법원은 당선되면 1년에 보수를 1달러만 받고, 나머지 보수는 자선단체에 기부하겠다고 한 후보자의 발언이 위법이라고 선고했던 것이다.

어떻게 보면 터무니없는 판결 같지만 반드시 그렇게 볼 일만은 아니다. 민주주의의 발전과정에서 선출직 공무원에게 보수를 지급하기 시작한 것은 큰 의미가 있다. 보수가 지급되지 않던 시절에는 생계를 걱정할 필요가 없는 귀족계급만 정치를 할 수 있었는데 평민에게도 전업 정치인이 될 길이 열린 것이다. 현대사회에서 귀족계급은 없어졌지만 만일 후보자들 사이에 보수를 낮추는 경쟁이 벌어진다면 경제적으로 여유 있는 계층의 정치적 영향력이 커질 것이다. 비현실적으로 낮은 보수를 받고 선출직을 수행하면 부패의 유혹이 그만큼 커질 염려도 있다. 공무원에게 적절한 보수를 지급하는 데에는 합리적인 근거가 있으므로 보수를 포기하는 후보자를 무조건 칭송하는 것은 지나치게 단순한 반응이라 할 수 있다.

그러나 미국 연방대법원은 결국 켄터키 주 법원의 판결을 뒤집고 브라운의 당선을 인정한다. 여러 가지 이유를 들었지만 중요한 것은 브라운이 보수를 낮추겠다는 공약을 한 것이 일반적으로 생각하는 유권자 매수나 금권선거와는 전혀 다르다는 것이다. 유권자 개인을 상대로 경제적 이익을 약속하지도 않았고 공개적으로 집행관의 보수에 대한 견해를 표현했을 뿐인데, 이러한 공약을 불법이라고 하면 표현의 자유를 지나치게 침해하게 되고 나아가 자유로운 선거를 위축시킨다는 것이다. 자신의 공약이 법에 위반될 가능성이 있다는 지적을 들었을 때 즉각 이를 철회한 브라운의 태도도 선거를 유효한 것으로 인정한 판결에 하나의 근거가 되었다.

이렇듯 선거에 나선 후보자들은 무슨 수단을 써서든지 유권자의 환심을 사보려고 노력한다. 자신의 당선이 곧 유권자의 이익으로 이어진다고 주장하는 것이다. 그렇다면 유권자들은 어떨까. 후보자를 선택할 때 지역이나 국가 전체의 장래만을 생각할까. 아니면 개인적인 이해관계도 고려할까. 그리고 유권자들의 지지를 받아 당선된 사람은 자신을 지지한 사람들에게 보상을 해주어도 되는 것일까. 선거에서 승리한 사람과 같은 정당을 지지하지 않았다는 이유로 불이익을 받은 공무원들이 제기한 소송[9]에서 이 문제가 심각하게 논의된 적이 있다.

1980년 11월, 미국 일리노이 주의 주지사 제임스 톰슨은 주 정부 내의 각 부서, 관련기관, 위원회 등에 대해서 주지사의 명시적인 승인 없이는 공무원을 새로 채용하거나 교체하거나 새로운 자리를 만들거나 이와 유사한 조치를 취하지 못하도록 지침을 내렸다. 이 조치는 6만 개 이상의 일자리에 직접적인 영향을 미치게 되었다. 매년 그 중 5천 개의 일자리가 사직, 은퇴 등의 사유로 비게 된다. 이 자리들을 채우기 위해 각 부서에서는 신규채용 또는 승진 후보자에 대한 승인을 요청한다. 주지사는 이러한 승인요청을 전담하기 위한 인사조직을 만들었다.

소송을 제기한 사람들은 자신들의 정치적 입장 때문에 이 승인과정에서 불이익을 당했다고 주장한 것이다. 소송을 제기한 사람 중 한 명인 신시아 루탄은 1974년부터 주정부에서 재활상담원으로 근무해왔다. 그녀는 자신이 주지사가 소속된 정당인 공화당의 지지를 받지 못했기 때문에 1981년부터 번번이 감독직 승진이 거부당했다고 주장했다. 일리노이 교통국에서 도로장비를 운행하는 일을 해온

---

[9] 루탄 대 일리노이 주 공화당 사건, Rutan v. Republican Party of Illinois, 497 U.S. 62(1990).

프랭클린 타일러라는 사람은 마찬가지 이유 때문에 1983년부터 승진을 하지 못했다고 주장했다. 그는 또한 지역 공화당 의장의 반대 때문에 집 부근에 있는 사무실로 전근하겠다는 요청도 받아들여지지 않았다고 주장했다.

교도관 채용에 지원했던 제임스 무어는 자신이 지역 공화당 당료의 지지를 얻지 못했기 때문에 채용되지 못했다고 주장했다. 다른 두 명은 공무원으로 근무하다가 감원된 사람들이었는데, 함께 감원된 동료들이 다시 채용되었지만 자신은 민주당을 지지한다는 이유로 채용되지 못했다는 것이었다.

우리의 상식으로 생각할 때 만일 이들의 주장이 사실이라면 당연히 일리노이 주지사의 조치는 위법으로 보인다. 지지하는 정당이 다르다는 이유만으로 불이익을 받는다면 공무원들은 집권자의 눈치를 볼 수밖에 없고 선거결과에 목을 매게 될 것이다. 공무원이란 정치와 관련을 맺지 말아야 하고 선거에서는 중립을 지켜야 하는 것 아닌가. 물론 정무직 공무원의 경우에는 얘기가 다르다. 대통령이 바뀌면 새로운 대통령과 정치적 입장을 함께 하는 사람들이 장관 등 고위직에 임명된다. 그러한 직책은 정책을 결정하는 자리이기 때문에 정치적 입장에 따라 업무 자체가 달라지기 때문이다. 그러나 이 소송을 제기한 사람들은 재활상담원, 중장비 기사 같이 정치적 입장과 업무수행이 아무런 관련이 없는 하위직 공무원들이었다.

하지만 이 문제는 생각처럼 간단하지 않았다. 미국은 정당정치가 우리나라보다 훨씬 활발했고 정당이 하는 역할이 크기 때문이다. 우리나라의 법관은 정당 입당이 금지되는 것은 물론, 정치적 의사를 표명하는 것도 금기시되지만 미국의 연방대법관을 비롯한 대부분의 법관들은 소속 정당의 지지를 받아 임명되거나 선출되고 정치적 견해에 대한 공개적인 검증이 행해진다. 일리노이 주지사의 조치에 찬성하는 목소리는 상당히 강력한 것이었다. 연방대법관 중에서 렌퀴스트 대법원장, 케네디 대법관, 오코너 대법관 그리고 스칼리아 대법관이 주지사의 편에 섰다.

스칼리아 대법관에 따르면 선거에서 승리한 정당이 일정한 이익을 향유하는 것은 불가피할 뿐만 아니라 반드시 필요한 것이라고 한다. 그리고 그 이익에는 지지자에 대한 인사상의 혜택도 포함되어야 한다는 것이다. 우선 첫째, 선거에서 집권을 한 정치세력은 효율적인 정부를 구성할 필요성이 있다. 선거에서 이긴 정당을 지지하는 사람과 지지하지 않는 사람 사이에는 당연히 충성도에서 차이가 있을 수밖에 없다. 그러므로 효율적인 행정을 위해서는 공무원 인사에 있어서도 충성도가 뛰어난 사람을 채용하고 승진시킬 수 있어야 한다는 것이다.

또 다른 하나의 이유는 정당정치를 유지하기 위해서 이런 시스템은 반드시 필요하다는 것이다. 극도로 개인주의가 발달한 현대사회에서 더 이상 신념이나 정치적 소신만으로 정당을 운영하기 어렵다.

선거에서 승리했을 때 지지자들에게 현실적인 이익을 안겨주지 않으면 정당은 유권자들로부터 외면당하게 될 것이다. 미국정치의 근간을 이루는 정당이 외면당하면 결국 정치시스템 자체가 붕괴되고 만다는 것이 스칼리아 대법관의 논리다.

그가 인용한 연설문의 한 구절은 이렇다. "첫째, 이 위대하고 영광스러운 국가는 정당정치 위에 세워졌습니다. 둘째, 선거에서 이겼을 때 정당원들이 일자리를 얻지 못한다면 정당은 사람들을 붙잡아둘 수 없게 될 것입니다. 셋째, 정당이 무력해진다면 정당에 기반을 둔 정부도 무력해질 것입니다. 넷째, 그렇게 된다면 그 대가는 엄청날 것입니다."

그러나 연방대법원은 5 대 4의 표결로 이러한 주장을 받아들이지 않고 정치적 입장에 의해 불이익을 받은 공무원들의 손을 들어주었다. 스칼리아의 주장은 한 표 차이로 소수 의견이 된 것이다. 다수 의견의 근거는 무엇보다도 일리노이 주지사의 조치는 개인의 자유를 침해하게 된다는 것이다.

선거결과에 따라 지위에 영향을 받게 된다면 공무원들은 자신이 지지하는 정당을 마음대로 결정할 수 없고 의사표현의 자유를 침해받게 될 것이다. 그러므로 적어도 정책결정과 관련이 없는 직업 공무원들은 소속 정당이나 정치적 입장의 차이에 따라 차별을 받지 않아야 한다는 것이다. 이러한 논리는 국가에서 발주하는 공사의 수주나 물품의 조달과 비교해서 생각해보면 쉽게 이해가 간다. 국가나

지방자치단체에서 발주하는 공사는 공정한 입찰을 거쳐 수주 업체가 결정되어야 한다. 마찬가지로 정부에서 필요한 물품의 조달도 투명한 절차를 거쳐서 구입해야 한다. 만일 집권 여당에 기부금을 낸 회사에 특혜를 준다면 그 부당함은 말할 것도 없거니와 결국 경쟁의 요소가 사라져서 효율적인 정부 운영도 저해될 것이다. 같은 논리로 직업 공무원도 정치적 영향력에 대한 두려움이 없을 때 공정하게 경쟁하게 되고 능률도 오를 것이다.

선거의 목적은 결국 미래에 대해 보다 올바른 청사진과 비전을 제시하는 후보자를 선출하기 위한 것이다. 또한 그 과정은 공정해야 하고 선거 결과에 따라 부당하게 불이익을 받는 사람들이 없어야 한다. 정책대결은 뒷전인 채 보수를 받지 않겠다거나 재산을 헌납하겠다는 식의 약속을 무기로 경쟁을 벌이는 후보자들, 선거에서 패배한 정당에 투표한 사람들은 당연히 불이익을 감수해야 한다는 주장을 하는 사람들은 선거의 목적을 잊었다고밖에 보기 어렵다.

대법원의 구조

> 다른 대법관들과 마찬가지로 브라이어는 윌리엄 브레넌 대법관이 재판연구원(law clerk)들에게 묻던 질문을 잘 알고 있었다. 연방대법원에서 가장 중요한 법은 무엇이지? 연구원들은 한참을 헤맨다. 표현의 자유? 평등권? 권력분립? 마침내 브레넌 대법관은 작은 손을 들어올리면서 이렇게 말한다. "다섯 표! 다섯 표의 법칙! 다섯 표만 얻을 수 있다면 여기서 무슨 일이든 할 수 있는 거야." 하지만 브라이어가 대법관으로 재직하던 시절은 브레넌의 시대와는 달랐다. 로페즈 판결이 선고된 후에 한 친구가 판결문을 잘 썼다고 브라이어를 칭찬하자 그는 슬픈 표정으로 이렇게 말했다. "네 표, 단지 네 표를 얻었을 뿐이야."
> ─『The Nine』, 제프리 투빈

14명 대 9명. 18,960건 대 88건. 숫자로 본 우리 대법원과 미국 연방대법원의 비교다. 우리나라 대법원에는 대법원장을 포함해서 14명의 대법관이 있다. 미국은 9명이다. 우리나라 대법원이 2001년도에 처리한 사건은 18,960건이다. 미국은 88건이다. 우리 대법관 숫자가 5명 더 많기는 하지만, 처리하는 사건 수는 자그마치 2백 배가 넘는다. 우리나라 대법관들이 미국 대법관보다 200배나 능력이 뛰어날까?

우리나라에서 대법관이 되는 것은 모든 판사들의 평생의 꿈이고 법원에서도 실력과 인품을 모두 갖춘 엘리트 중의 엘리트만 그 영광을 맛볼 수 있기는 하지만, 미국 대법관들도 나름대로는(!) 천재에 가깝다는 평을 듣는 사람들이다. 정치적 입장이나 견해는 다르더라도 실력 면에서만은 누구에게나 인정을 받는 경우가 대부분이다.

예를 들어 현재도 재직하고 있는 스칼리아 대법관의 경우를 보자. 이념적 성향을 따지자면 보수 중의 보수라고 할 수 있다. 조지 W. 부시 행정부의 주요 인사들을 네오콘이라고 부르면서 극단적인 보수주의자들로 보지만 스칼리아 대법관과 비교하면 어림도 없다. 대체로 자유주의적인 풍토가 강한 미국 로스쿨에서 스칼리아 얘기만 꺼내면 교수고 학생이고 욕하느라고 정신이 없다. 그가 쓴 판결문이 얼마나 편파적인지, 생각이 얼마나 편협한지 침을 튀기면서 비판에 열을 올린다.

그러나 그런 말을 하는 로스쿨 교수나 학생들이 정말 진심으로 스칼리아 대법관을 싫어하고 경멸하는 걸까? 그렇지는 않다. 학교에서 진화론을 가르칠 때 창조론도 함께 가르쳐야 한다고 규정한 법률이 합헌이라는 황당한 주장, 공화당원이 시장으로 선출되면 시청 청소부까지도 공화당원이 차지할 수 있다는 말도 안 되는 소리를 스칼리아 대법관만큼 탄탄하고 아름답기까지 한 논리로 포장해낼 수 있는 사람은 없다. 그렇기 때문에 스칼리아와 정반대의 생각을 가진 사람들도 그의 판결문을 열심히 읽고 그가 하는 말에 귀를 기울인다.

어떤 의미에서 보면 상상할 수 있는 가장 완벽한 적이라는 생각을 하는 것 같다. 결론은 틀리더라도 논리적으로 반박하기가 쉽지 않은 것이다. 니체는 괴물과 싸우다보면 괴물이 된다는 말을 했지만 미국의 법률가들 중에 스칼리아와 입장이 다른 사람들은 그가 쓴 판결문을 읽고 반박할 근거를 찾으면서 성장하는 것 같다. 스칼리아는 워낙 독특한 의견을 내놓는 경우가 많기 때문에 보수주의자가 다수를 차지하는 미국 연방대법원에 속해 있으면서도 소수 의견에 머무를 때가 많다. 그러나 그가 쓴 판결문을 보면 정말 세상에는 다양한 시각이 있을 수 있다는 것, 그리고 내 생각과 전혀 다른 생각도 깨기 어려운 논리를 가질 수 있다는 것을 실감할 수 있다.

스칼리아 대법관의 경우에서 보듯이 미국 대법관들은 국민들의 깊은 존경을 받는다. 로스쿨을 졸업하고 갈 수 있는 자리 중 가장 부러움을 사는 자리가 연방대법원의 재판연구관이다. 검찰에 근무하면서 미국에 장기연수를 가서 로스쿨을 다니던 시절 졸업생 한 명이 이 자리로 가게 되었는데, 학교 신문에서 대서특필을 한 적이 있다. 10년 만의 경사라는 것이다. 그만큼 연방대법원은 권위가 있고 그곳에 근무하는 대법관들은 국민들의 관심이 집중되는 중요한 판결을 한다. 그런 곳에서 1년에 80여 건의 사건을 다루는 것이다. 그런데 우리 대법원은 2만 개가 넘는 사건을 처리한다. 미국 대법원 판결은 하나하나가 주목을 받고 조금 유명한 판결은 법학을 전공한 사람이 아니라도 구체적인 내용까지 아는 경우가 많다. 우리나라 대법원 판결 중 국민들이 알고 있는 것이 과연 몇 개나 될까.

어느 나라나 대법원에서 중요한 재판을 할 때는 대법관 전원이 법복을 입고 앉아서 한다. 미국의 경우 대법원에서 한번 변론을 해보는 건 변호사로서 일생일대의 영광이다. 일단 사건이 적다. 대법원에서 재판할 사건은 대법관들이 회의를 해서 정하는데 적어도 4명의 찬성이 있어야 한다. 아무리 개인적으로 중요하거나 소송결과에 따라 이해관계에 큰 영향이 있다고 하더라도 자기 사건을 대법원에서 재판해달라고 할 권리가 없다. 대법관들이 중요하다고 인정해야만 재판을 받을 수 있다.

운이 따라주어서 대법원 사건을 맡게 되면 양측 변호사는 자기의 주장을 적은 서류를 작성해서 제출하는데 이것을 브리프라고 한다. 마음 같아서는 수천 페이지라도 적어내고 싶지만 그렇게 하면 대법관들이 아예 읽지 않는다. 꼭 필요한 말만 정확하게 써내야 된다. 그리고 나면 직접 대법원에 가서 구두 변론을 한다. 자기 나라에서 가장 유명하고 실력 있는 9명의 전설적인 판사들이 지켜보는 가운데 일어나서 자기의 주장을 펼쳐야 하는 것이다. 브리프에 적어낸 말을 되풀이하면 조롱의 대상이 되기 십상이다. "우리도 글은 읽을 줄 압니다." 이런 대답을 듣게 되는 것이다.

미리 외운 변론을 그대로 말할 수도 없다. 변론을 시작하면 처음 2~3분간은 그대로 듣지만 그 이후부터는 틈새가 보일 때마다 대법관들이 끼어들어서 날카로운 질문을 던진다. 장황하게 답변을 하면 인정사정없이 자른다. 한마디로 그냥 앉아서 들어주지 않는 것이다. 더듬거리며 답변하면 당장 추궁이 들어오고 다시 제대로 답변을 못하면 비아냥에 가까운 조소를 듣기 일쑤다.

고위직에 있는 법률가라고 해서 봐주는 법도 없다. 국가가 당사자인 소송에서는 정부 측 변호사로 솔리시터 제너럴이라는 직책의, 연방법무부 공식서열 4위에 있는 사람이 변론을 하는데 로스쿨을 갓 졸업한 변호사와 전혀 다르지 않은 취급을 받는다. 대법원에서 다루는 사건은 숫자가 적은 만큼 사회 전체나 국민들의 생활에 큰 영향을 끼치는 것들이고, 양측의 공방이 벌어지는 변론에서 변호사의 체면이나 살려줄 여유가 없는 것들이다. 대법원에서 변론하다가 실수를 해서 평생 따라다니는 망신을 사는 경우는 비일비재하다.

우리나라 대법원에서 구두변론이 벌어지는 경우는 극히 드물다. 대부분의 사건은 대법관들끼리 앉아서 소송기록만 보고 재판을 하는 것이다. 2007년 11월 제주도지사의 선거법 위반 사건에서 구두변론이 열렸는데 대법원에서 있었던 형사사건 중 사상 두 번째로 변론이 열린 경우라고 한다. 재판은 원칙적으로 법정에서 말로 주고받는 공방을 통해서 결론이 나야 한다. 법정에서 구두변론을 하는 것은 재판과정을 누구나 볼 수 있게 공개한다는 원칙에 충실한 것이기도 하지만 양쪽의 첨예한 대립을 통해서 쟁점을 보다 정밀하게 파악하고 결정한다는 점에서 큰 의미가 있다.

제주도지사의 위반 사건에서 대법원은 40년간 유지해 온 판례를 변경했다. 그 전까지는 압수, 수색 과정에 위법이 있더라도 압수된 물건의 성질이 변하는 것은 아니기 때문에 증거로 사용할 수 있다고 해왔었는데, 이 판결을 통해서 위법하게 수집된 증거는 사용할 수 없다는 결정을 내린 것이다. 피고인으로서는 선거에 이겨서 얻은 공직을 유지하느냐 여부가 걸린 일이었고 검찰로서는 수사관행에 크나큰 영향을 미칠 수 있는 사안이었기 때문에, 양쪽 모두 진지하게 변론을 준비했고 법정에서도 치열한 공방을 벌였다. 이 판결이 의미가 있는 것은 내용이 중요한 것이었을 뿐만 아니라, 재판과정에서 당사자들이 충분히 주장할 기회를 가졌다는 점이다. 재판이 원래 가져야 할 모습을 갖추었던 것이다.

변론이 끝나면 얼마 후 판결을 한다. 미국의 경우 다수 의견을 낸 대법관 중 한 명이 판결문을 쓰는데 나머지 법관들도 소수 의견(결론이 다수 의견과 다른 경우), 별개 의견(결론은 다수 의견과 같지만 이유가 다른 경우)을 많이 쓴다. 사건이 적으니까 가능한데 같은 사건을 다양한 시각에서 보는 것이 느껴지고 당사자들의 주장을 상세히 분석해서 판단한다.

판결문 중에는 명문장도 많다. 읽고 있으면 왜 작가가 되지 않았을까 싶은 대법관들도 꽤 있다. 우리나라 대법원은 워낙 사건이 많다보니까 대법관 전원이 참석해서 결정하는 경우보다는(전원합의체 판결이라고 한다) 대부분 4명으로 구성된 부에서 결정하는 일이 많다. 대법원까지 가는 사건은 워낙 기록이 두꺼우니까 자기가 주심을 맡은 사건이 아니면 기록을 다 못 읽는 경우도 많다고 한다. 판례를 변경하거나 4명으로 구성된 부에서 합의가 이루어지지 않거나 아주 중요한 사건일 때만 대법관 전원이 참석하는 전원합의체에서 재판을 하는데 그런 경우는 아주 드물다. 판결문이 명문장이기를 바라는 건 1년에 2만 건을 처리하는 사람들에게 바라기에는 너무 지나친 요구다.

문제가 있어 보이지 않는가? 이걸 법원에서 고쳐보려고 한 적이 있다. 소송에 걸린 금액이 크거나 중요한 사건만 대법원에서 처리하겠다는 것이다. 대법원에서 다루지 못하는 사건은 고등법원에 상고부를 설치해서 재판을 하려는 계획이었다. 당장 반대에 부딪혔다. 사실 이것만큼 반박하기 쉬운 것도 별로 없다. "그럼 작은 돈 놓고 재판해야 하는 서민은 대법원에도 가보지 못한단 말입니까?" 얼마나 명쾌하고 서민을 위하는(!) 말인가! 삼세번을 좋아하는 우리 정서에도 고등법원에서 끝난다고 하는 건 맞지 않다. 대법원까지 가야 직성이 풀리는 것이다.

이유는 또 있다. 예전에 실제로 대법원에 가는 사건을 걸러내는 상고허가제라는 걸 만든 일이 있다. 그런데 그게 하필이면 1980년 당시 보안사령관 전두환이 위원장으로 있던 국보위에서 만들어진 것이다. 대법원에 가는 사건을 제한하려고 하면 당장 권위주의 시대의 발상이라는 말을 듣게 된다. 정말 이 생각만 하면 전두환이 더 미워진다.

그런데 좀더 생각해보면 정말 대법원에서 1년에 2만 건을 처리하는 게 서민을 위하는 걸까? 대법관 14명이 그 2만 건의 기록을 (한 건에 1백 페이지라고만 계산해도 2백만 페이지다. 대법원에 가는 사건기록 중 1백 페이지도 안 되는 건 찾아보기 어렵다) 하나하나 다 읽고 그 속에 숨은 서민들의 피와 눈물을 찾아내는 게 과연 가능한 일일까? 대법원으로 가는 사건을 줄이자는 주장을 하면 반대론자들은 그러면 돈 많은 사람, 유명한 변호사를 선임할 수 있는 사람들의 사건만 대법원에 가게 된다고 주장한다.

과연 그럴까? 대법관 자리는 30년 정도 판사생활을 하다가 정말 실력이 뛰어나고 운이 좋아야 갈 수 있다. 그 자리에 가서 1년에 수십 건의 사건을 고르라고 하면 정말 사람들이나 사회에 큰 영향을 줄 사건들을 고르지 않을까? 후대에까지 남는 기록이 되는데 당사자의 재산관계나 변호사와의 친소관계가 그렇게 큰 영향을 끼칠까?

어네스트 미란다는 연쇄성폭행범이다. 범죄학적으로 연구대상이 될 만큼 특이한 사람도 아니고 단순히 밤길에 여자를 따라가다가 성

ⓒ 연합뉴스

ⓒ TOPIC

14명 대 9명. 18,960건 대 88건. 숫자로 본 우리 대법원과 미국 연방대법원의 비교다. 우리나라 대법원에는 대법원장을 포함해서 14명의 대법관이 있다. 미국은 9명이다. 우리나라 대법원이 2001년도에 처리한 사건은 18,960건이다. 미국은 88건이다. 우리 대법관 숫자가 5명 더 많기는 하지만, 처리하는 사건 수는 자그마치 200배가 넘는다.

폭행을 하기도 하고 미수에 그치기도 하는, 한마디로 쓰레기 같은 인생이었다. 수임료가 비싸거나 전관(!) 출신 변호사를 선임할 만한 사람은 결코 아니었다. 미국 연방대법관들은 이 어네스트 미란다의 사건을 선택해서 그 유명한 미란다 판결을 내렸다. 우리나라 대법관들은 기록 속에 파묻혀서 아마도 깊은 생각을 할 틈을 찾기가 쉽지 않을 것이다. 정작 사람들의 생활에 영향을 미칠 수 있는 중요한 문제에 대해서 정보를 얻을 틈도 없을지 모른다. 사건을 줄이자는 게 서민에게 등 돌리는 일이라고? 돈 있는 사람들만을 위한 법원이 되는 것이라고? 미란다 판결을 보고 그런 말을 하라고 권하고 싶다. 우리나라 대법원 시스템은 분명히 변해야 한다.

원숭이 재판

– 진화론과 창조론을 둘러싼 법적인 논쟁(1)

> ...
> 약 150만 년 전, 이제는 잊혀진 한 천재 영장류가 아무도 기대하지 않았던 일을 해냈다. 그는(혹은 아마도 그녀는) 돌을 하나 집어들고 다른 돌을 다듬었던 것이다. 그 결과 극히 단순한 물방울 모양의 손도끼 한 개가 탄생했다. 인류 역사상 최초로 고급 과학기술의 시대가 도래한 것이다.
> ―『거의 모든 것들의 역사』, 빌 브라이슨

법이 과학을 재단할 수 있는가. 이 질문에 선뜻 그렇다고 대답하는 사람은 별로 없을 것이다. 가설과 실험이라는 검증과정을 통해서 객관적인 진리를 발견하는 과학과 사회의 규칙을 정하고 사람들에게 행동의 기준을 제시하는 법은 그 원리나 역할이 전혀 다르기 때문이다. 스위스 베른의 조그만 특허청 직원으로 일하던 아인슈타인이 특수상대성이론이라는 낯선 이론을 들고 나와서 당시 절대적인 권위를 갖고 있던 뉴턴의 이론을 뿌리째 흔들 때 어떤 법적인 권리를 행사했다는 말은 들어본 적이 없다.

그러나 한편 과학의 발전과정에서 법이 개입한 일은 드물지 않다. 지동설을 주장하던 갈릴레이로 하여금 자신의 이론을 포기하게 만든 악명 높은 종교재판이나 최근 한국 사회를 떠들썩하게 했던 황우석 사건도 과학적 이론의 정당성을 법원의 재판을 통해서 따져본 수많은 예 중 일부에 불과하다.

역사상 법정에서 가장 치열하게 공방을 벌였던 과학이론 중 하나가 진화론이다. 흔히 '원숭이 재판'이라고 알려진 사건도 그 과정에서 생긴 사건 중 하나이다. 그러나 진화론과 창조론을 둘러싼 법적인 논쟁은 우스꽝스러운 이름과는 달리 상당히 진지하고, 또한 조금의 양보도 없는 결사적인 것이었다.

영화 〈장미의 전쟁〉에서 이혼소송 전문 변호사로 등장하는 데니 드 비토는 의뢰인에게 "열다섯 살 때 나는 진화론자가 됐소. 모든 게 분명해졌지. 우리는 모두 진흙으로부터 왔소. 38억 년간의 진화과정을 거쳤어도 우리의 본질은 진흙이오. 이혼 전문 변호사들은 그걸 믿죠(At 15, I became an evolutionist. And it all became clear. We came from mud. And after 3.8 billion years of evolution, our core is still mud. Nobody can be a divorce lawyer without that)."라고 말한다. 이 대사는 인류의 기원에 대해서 진화론을 믿는지 창조론을 믿는지가 개인의 사상과 철학에 있어서 어떠한 의미를 갖는지 단적으로 보여준다.

　인간보다 우월한 신적인 존재에 의해서 우리가 창조된 것이라면 그 목적이 무엇인지, 만일 그 목적을 알 수 있다면 우리는 그러한 목적에 부합하는 삶을 추구해야 하는지가 가장 먼저 고민해야 할 문제가 된다. 반대로 인류가 우연한 자연현상으로부터 진화해서 현재의 위치까지 온 것이라면 과연 우리의 존재는 어떤 의미가 있는지가 근원적인 의문으로 떠오른다. 가히 인류의 기원에 관한 문제는 다른 모든 철학적 문제에 선행하는 것으로 보인다. 많은 사람들이 창조론을 믿는지 혹은 진화론을 믿는지에 따라 사물을 보는 시각이 달라지며 보수주의나 진보주의의 선택, 낙태에 대한 견해 등 세계관의 영향을 받는다고 한다. 진화생물학자 리처드 도킨스는 이 문제가 우리에게 주어진 가장 큰 미스터리이며, 심지어 인류보다 지적으로 우수한 외계인이 지구를 찾는다면 지구인의 문명수준을 평가하기 위해 가장 먼저 던질 질문이 '진화론을 발견했는가?'일 것이라고 말하기까지 한다.

　다윈이 종의 기원을 출판한 이래 진화론과 창조론은 열띤 논쟁의 대상이 되어왔다. 일반의 인식과 달리 진화론과 창조론 사이의 논쟁이 진화론의 승리로 종결된 것은 아니다. 최근 하버드 대학은 매년 1백만 달러의 연구비를 지원받아 진화론과 창조론 중 어느 것이 타당한지 연구하겠다는 계획을 발표하기도 했다.

　법적인 장에서도 진화론자들과 창조론자들은 아직까지도 화해할 수 없는 싸움을 벌이고 있다. 이 다툼을 단순히 생물학 이론의 옳고 그름을 법적인 자로 재단하려는 어리석은 법률가들의 논쟁으로 치부하기는 어렵다. 그 밑바닥에는 법, 과학, 종교, 교육에 관한 철학적인 입장 차이가 흐르고 있다. 또한 법률가들이 동원된 승부이니만큼 양측 모두 치밀하고 정연한 논리로 무장하고 있다. 물론 그 논쟁의 틀과 모습은 시간의 흐름에 따라 변해왔다.

초기에 창조론자들과 진화론자들의 다툼은 학교에서 진화론을 가르치지 못하게 하려는 기독교 근본주의자들의 공격으로부터 시작되었다. 진화론을 기독교에 대한 공격으로 본 신자들은 학교에서 진화론을 가르치는 것을 금지하는 법률을 만들었고 그러한 법률에 대한 도전으로 가장 유명한 사건이 바로 '원숭이 재판(monkey trial)'으로 잘 알려진 스코프스(Scopes) 사건이다.

1925년 미국 테네시 주 의회는 진화론 교육을 금지하는 상징적인 법안을 의결했다. 주지사는 이 법률을 강제로 집행하지는 않겠다는 의사를 밝혔지만, 법안에는 서명했다. 이 법률에 반대하는 사람들은 법적인 도전을 결심했고 이를 실행한 사람이 존 토마스 스코프스(John Thomas Scopes)였다. 그는 학생들에게 진화론을 가르쳤다고 하면서 피고인이 되기를 자청했고 결국 검사에 의해 기소되어 재판을 받게 되었다. 스코프스 사건은 언론이 좋아할 모든 요소를 다 갖춘 사건이라고 할 수 있다. 검사는 세 번이나 민주당 대통령 후보를 지내고 우드로 윌슨 대통령 밑에서 국무장관을 지낸 윌리엄 제닝스 브라이언(William Jennings Bryan)이었고, 변호인은 당대는 물론 미국 사법 역사상 가장 뛰어난 변호사로 손꼽히는 클라렌스 대로(Clarence Darrow)였다.

이 사건은 〈신의 법정(Inherit the wind)〉이라는 제목으로 영화와 연극으로 제작되어 대중에게 널리 알려졌고, 일반 사람들의 뇌리에 창조론자들은 독선에 사로잡힌 원리주의자들이고 진화론자들은 견해의 차이를 인정하는 다원주의자들이라는 인식을 강하게 심어주었다. 영화에서 가장 유명한 장면은 대로 변호사가 브라이언 검사를 성경에 관한 '전문가 증인'으로 신청해서 증인신문을 하는 장면이다. 과학을 대변하는 대로는 종교를 대표하는 브라이언을 관객의 눈앞에서 무참하게 무너뜨린다. 증인에 대한 질문은 통렬하고 가차 없는 것이었다. "세상이 정말 6일 만에 창조된 것입니까, 태양이 만들어지기 전에 어떻게 하루를 계산할 수 있었습니까, 그때의 하루도 24시간이었습니까, 지구가 태양 주위를 회전한다는 것을 모든 사람들이 알고 있는데 어떻게 여호수와는 태양에게 멈추라는 명령을 할 수 있었습니까?"

실제 사건은 영화의 내용과는 상당한 거리가 있었다. 브라이언은 독선적인 원리주의자도 아니었고 그가 이 사건의 검사를 자청한 것은 진화론이 인종차별주의자들이나 군국주의자들에 의해 우생학적 주장의 근거로 잘못 이용되고 있다는 생각에서였다.

⚖

초기에 창조론자들과 진화론자들의 다툼은 학교에서 진화론을 가르치지 못하게 하려는 기독교 근본주의자들의 공격으로부터 시작되었다. 진화론을 기독교에 대한 공격으로 본 신자들은 학교에서 진화론을 가르치는 것을 금지하는 법률을 만들었고 그러한 법률에 대한 도전으로 가장 유명한 사건이 바로 '원숭이 재판(monkey trial)'으로 잘 알려진 스코프스(Scopes) 사건이다.

당시 우생학 신봉자들은 적자생존의 원리에 근거하여 '부적합한' 인종이나 '열등한' 민족에 대한 불임시술까지 주장하는 형편이었으며, 실제로 스코프스가 고등학교에서 사용한 교과서인 『헌터의 생물학(Hunter's Civic Biology)』이라는 책은 적자생존이라는 자연의 법칙에서부터 도덕률을 이끌어내고 있었다. 스코프스가 가르친 고등학교는 백인학생들만이 입학할 수 있는 학교였으며, 교과서의 저자는 '다섯 가지 인종'에 대해 설명하면서 유럽과 북미의 백인종을 가장 우수한 인종으로, 다른 인종을 사회의 기생충으로 서술했다.

실제 재판에서 대로의 질문에 대해 브라이언은 6일이란 상징적인 기간으로 6백만 년으로 볼 수도 있고 혹은 6억 년으로 볼 수도 있다, 여호수와에 관한 성경의 내용은 그 당시 사람들이 이해할 수 있게 썼을 뿐이라고 답했다.

증인신문을 통해 자신의 주장을 충분히 펼친 후 대로 변호사는 자신의 의뢰인이 실정법을 위반한 사실을 인정했고, 스코프스는 벌금 1백 달러에 처해졌다. 테네시 주 대법원은 기술적인 이유를 들어 스코프스에 대한 유죄평결을 파기하였으나, 법률 자체는 합헌적인 것으로 인정하였다.

미국 연방대법원은 1968년 에퍼슨 대 알칸사스 사건[10]을 통해서 진화론 교육을 금지하는 법률의 위헌성을 선언함으로써 이런 종류

---

[10] Epperson v. Arkansas 339 U.S. 99(1968)

의 사건에 종지부를 찍었다. 그러나 그때에는 이미 창조론과 진화론 사이의 법적 다툼은 다른 종류의 양상을 띠게 되었다. 진화론 교육을 금지하는 것이 불가능하다고 판단한 창조론자들이 진화론과 창조론을 함께 가르쳐야 한다고 주장하기 시작한 것이다.

1981년 루이지애나 주 의회는 "공립학교 교육에서의 창조과학과 진화과학의 균등취급에 관한 법률"을 제정했다. 이 법률은 공립학교에서 진화론을 교육할 때는 반드시 창조론에 관한 교육을 병행해야 한다는 규정을 두고 있었다. 이 법률이 시행된다고 해서 반드시 공립학교에서 진화론이나 창조론을 가르쳐야 할 의무가 있는 것은 아니지만, 둘 중 어느 하나를 가르칠 때는 다른 이론도 가르쳐야 하는 것이다.

이런 법률이 만들어지게 된 것은 인류의 기원에 관하여 성경에 나오는 설명의 과학적 가치를 내세우는 기독교 원리주의자들이 오랫동안 노력한 결과이다. 연방대법원의 판결을 통해서 진화론을 가르치지 못하도록 금지하는 시도가 실패로 돌아가자 창조론자들은 새로운 전략을 채택했다. 창조론을 연구하는 학술단체들이 설립되었고 과학적 증거에 대한 정통적인 해석을 공격하면서 지질학적 기록이나 화석의 발견이 성경의 내용과 조화를 이룰 수 있다는 주장을 내세운 문헌이 나타나기 시작했다. 이러한 시도가 주류 과학계나 언론의 관심을 끌지는 못했지만, 창조론자들은 스스로의 연구결과가 과학이론으로서 내세울 만한 가치가 있다는 확신을 갖게 되었다. 또한 창조론자들은 원래 진화론자들 주장의 배경이 되었던 자유주의적인 헌법해석이 자신들의 주장의 근거로도 활용되어야 한다고 강조했다. 만일 창조론도 단순한 종교적 교리가 아닌 과학이론으로서의 가치를 가질 수가 있다면 진화론과 평등하게 대접을 받아야 하지 않겠는가? 그러나 루이지애나 주의 법률도 역시 연방대법원의 위헌 판결을 받게 되었다.

연방대법원의 다수 의견을 집필한 브레넌 대법관은 루이지애나 주의 법률이 수정헌법 1조의 정교분리 원칙에 위반하기 때문에 위헌이라고 설명했다. 특정한 법률이 정교분리 원칙에 위반하는지 미국 대법원이 판단하는 기준은 세 가지가 있다.[11] 첫째, 의회가 법률을 제정하는 목적은 종교적인 것이 아닌 세속적인 것이어야 한다. 둘째, 법률의 주요한 효과는 종교를 지원하는 것도 종교를 배격하는 것도 아니어야 한다. 셋째, 법률로 인해서 정부가 종교와 과도하게 연관성이 있어서는 안 된다.

다수 의견은 이 법률이 위 기준 중 첫 번째 요건도 충족하지 못하기 때문에 위헌이라고 판단하였다. 이에 따르면 비록 루이지애나 주의 법률이 표면상으로는 '학문적 자유'를 내세우고 있지만, 그 숨겨진 목적이 특정 종교를 지원하려는 것이기 때문에 세속적인 목적을

---

[11] 레몬 대 쿠츠만 Lemon v. Kutzman, 403 U.S. 602(1971) 판결에서 제시된 레몬 테스트를 말한다.

가진 법률이 아니라는 것이다. 이 법률이 없으면 공립학교에서 아무런 제한 없이 학생들에게 다양한 과학적 이론을 가르칠 수 있는데, 이 법률로 인해서 창조론을 같이 가르치지 않는 한 진화론을 가르칠 수 없기 때문에 학문적 자유를 해치게 되는 것이다. 또한 과학의 다양한 분야 중에서도 유독 인류의 기원에 관한 부분에 대해서만 두 가지 이론을 다 가르치도록 규정한 것도 위 법률의 목적이 종교적인 것이라는 점을 보여준다고 한다.

이러한 다수 의견에 대해서는 렌퀴스트 대법원장과 스칼리아 대법관이 반대의견을 제기하였다. 스칼리아 대법관은 입법에서 종교적인 동기가 완전히 배제되어야 하는 것은 아니라고 주장한다. 그러면서 루이지애나 주의 법률은 학생들이 하나의 가설에 불과한 이론을 '사실'로 배움으로써 교조적인 사고에 빠지는 것을 방지하기 위한 것이기 때문에 '학문적 자유'를 위한 법률이라는 것이다.

스칼리아 대법관의 주장을 좀 더 자세히 보면 이렇다. 우선 첫째, 인류의 기원에 관해서는 진화론과 창조론이라는 두 가지 이론 외에 다른 이론이 있을 수 없기 때문에 한 이론을 뒷받침하는 증거는 필연적으로 다른 이론의 정확성을 의심하게 하는 증거가 된다. 예를 들어 복잡한 구조를 가진 생명체의 화석이 갑자기 등장한다거나, 진화의 중간단계 생물의 화석이 매우 드문 것은 창조론의 근거가 되는 동시에 진화론에 대한 공격 근거가 된다는 것이다. 둘째, 창조론도 과학으로서 성립 가능한 충분한 근거가 있다. 진화론은 실험으로 확

법적인 장에서도 진화론자들과 창조론자들은 아직까지도 화해할 수 없는 싸움을 벌이고 있다. 이 다툼을 단순히 생물학 이론의 옳고 그름을 법적인 자로 재단하려는 어리석은 법률가들의 논쟁으로 치부하기는 어렵다. 그 밑바닥에는 법, 과학, 종교, 교육에 관한 철학적인 입장 차이가 흐르고 있다.

인할 수 있는 것이 아니기 때문에 단지 과학적 이론이나 '추측'이 될 수 있을 뿐이지 '사실'이 될 수는 없다. 셋째, 창조론을 교육하는 것은 학생들에게 다양한 견해를 접할 수 있는 기회를 제공함으로써 오히려 진화론을 보다 잘 이해하는 데도 도움이 된다. 넷째, 창조과학도 충분한 근거를 갖춘 학문임에도 불구하고 진화론만을 신봉하는 주류 학계에 의해서 배격되고 있으며 진화론 자체가 마치 종교처럼 되어가고 있다. 즉 스칼리아는 창조론도 과학이론의 하나이며 진화론과 동등하게 취급되어야 한다고 말하는 것이다.

자, 과연 창조론을 과학이라고 할 수 있을까? 주류 과학계는 창조론을 과학으로 인정하지 않는다. 미국립과학협회가 제출한 의견서에 따르면 어떤 이론이 과학으로 인정받기 위해서 가져야 할 가장 기본적인 특성은 합리적인 설명이 가능해야 한다는 것인데, 창조과학자들은 우주와 인류가 인간이 이해할 수 없는 '초자연적인 방법'에 의해서 생겨났다고 주장하기 때문에 그 정의 자체에 의해서 과학이론이 될 수 없다는 것이다. 주류 학계에서는 인류의 기원에 대해서 진화론과 함께 창조론을 가르쳐야 한다는 주장을, 마치 임신과 탄생에 대해서 가르치면서 성교육과 함께 황새가 아이를 가져다준다는 이론도 가르쳐야 한다는 주장이나 마찬가지로 취급한다. 대부분의 일반인들도 상식적으로 창조론은 종교적 교리에 불과하지 과학적 이론은 아니라고 알고 있다.

그렇다면 무슨 근거로 스칼리아 대법관은 창조론도 과학이론의 하나로 취급되어야 한다고 주장하는 것일까. 스칼리아 대법관은 9명의 미국 대법관 중 가장 보수적인 사람으로서 논쟁을 두려워하지 않는 성격 때문에 진보적인 입장을 가진 지식인들과 다양한 문제를 놓고 끊임없이 공방을 주고받아왔다. 그러나 그와 정반대의 주장을 하는 많은 사람들 중 스칼리아의 지적인 능력에 의심을 표시한 사람은 한 명도 없었다. 스칼리아는 조지타운 대학을 수석으로 졸업한 다음 하버드 로스쿨을 거쳐 학계와 관계에서 활약을 하다가 대법관으로 임명되었다. 깊이가 있으면서 핵심을 찌르고 동시에 재기가 넘치는 그의 판결문은 그와 의견을 달리하는 많은 법학자들로부터도 감탄의 대상이 되어왔다. 그러한 그가 창조론을 '과학'이라고 주장하는 것을 본 많은 과학자들은 상당한 충격을 받았다. 진화생물학의 대표적 학자 중 한 명인 하버드 대학의 스티븐 제이 굴드 교수도 스칼리아 같은 사람이 창조론을 과학이라고 하는 것에 크게 놀랐다고 말한 일이 있다.

창조론을 과학이라고 하는 사람들은 대체로 두 가지 근거를 내세운다. 먼저 진화론은 진위가 검증된 사실이 아니라는 것이다. 진화론에도 많은 모순과 해결하기 어려운 난점이 있고 이러한 면을 비판하는 한도 내에서는 자신들의 이론도 과학으로 받아들여져야 한다고 말한다. 둘째로는 창조론도 과거와 달리 단지 성경의 내용을 옮기는 데서 벗어나 과학적 이론으로 발전했다는 것이다. 기독교의 신이 만물을 만들었다는 식의 종교적 설명이 아닌 객관적 자료를 토대로 만들어진 이론이라는 것이다.

이러한 주장에 힘을 실어준 것은 새롭게 대두된 '지적설계론'이다. 1991년 필립 존슨(Phillip E. Johnson)이 『법정에 선 다윈(Darwin on Trial)』을 출간한 이래 급속히 확산된 이론이다. 이에 따르면 생명체의 기원과 복잡성은 진화론의 방향성 없는 돌연변이와 자연선택만으로는 도저히 설명할 수 없고 어떠한 지적인 존재에 의한 설계를 상정할 수밖에 없다고 한다. 따라서 현재의 창조론은 기독교나 성경과는 별 관련이 없는 하나의 과학이론이기 때문에 진화론과 동등한 대접을 받아야 한다는 것이다. 필립 존슨은 하버드 로스쿨을 졸업하고 얼 워렌 연방대법원장 밑에서 재판연구관으로 일하다가 버클리 로스쿨 교수로 재직하던 사람이다. 엘리트 법률가가 진화생물학계의 권위자들을 비판하면서 들고나온 책은 진화론과 창조론 양 진영의 비상한 관심을 끌었다. 그는 단지 책의 출간에 그치지 않고 학회나 세미나를 찾아다니면서 생물학자들에게 논쟁을 걸곤 했다. 바야흐로 창조론 측의 대반격이 시작된 것이다.

창조론을 종교적 교리라고 인정하면서도 공립학교에서 가르쳐야 한다고 주장한다면 정교분리의 원칙에 어긋나는 것으로서 당연히 위헌이다. 그러나 창조론을 과학이론의 하나라고 주장하면서 교과목에 편입되어야 한다고 주장한다면 과연 창조론을 과학이라고 할 수 있는지 판단하는 일이 선행되어야 한다. 순전히 학문의 영역에

속한다고 볼 수 있는 창조론과 진화론의 논쟁이 법률적인 문제로 변화하는 계기가 여기에 있다. 법은 지적설계론이라는 학설이 과학이론으로 정당성을 인정받을 만한 가치가 있는지 결정해야 하는 과제를 떠안게 된 것이다. 다음 장에서 보듯이 이 문제는 지식인들의 사이에 뜨거운 논쟁을 불러왔고, 그 전개과정을 일별해보는 것은 법과 과학의 관계가 어떠해야 하는지에 대해 의미 있는 시사점을 던져줄 것이다.

원숭이 재판[12]

— 진화론과 창조론을 둘러싼 법적인 논쟁(2)

. . .

"우연의 일치가 없다면 불멸의 오랑우탄은 자기가 원하는 만큼 오랫동안 글을 쓸 수는 있겠지만 결코 〈햄릿〉 같은 작품을 쓰지는 못할 걸세. 기껏해야 나랑 먼 사촌지간인 후안 카를로스 보르헤스가 쓴 조잡한 시나 옮겨 적고 있겠지. 자넨 후안 카를로스 보르헤스가 누군지도 모를 걸세. 말이 나왔으니 말인데, 우린 후안의 시들이 실제로 유인원이 쓴 게 아닌가 하는 의혹을 품고 있다네."

―『보르헤스와 불멸의 오랑우탄』, 루이스 페르난두 베리시무

진화생물학자 리처드 도킨스는 진화론의 정당성을 설명하는 자신의 책 제목을 『눈 먼 시계공(The Blind Watchmaker)』이라고 지었다. 여

---

[12] 이 글은 다양한 현대의 진화생물학 이론과 지적설계론자들의 학설을 전부 소개하려는 것이 아니다. 여기서 다루어지는 내용은 진화론의 대표주자 리처드 도킨스의 저서 *The Blind Watchmaker*, W. W. Norton & Company, Inc., 1996과 지적설계론자인 필립 존슨의 저서 *Darwin on Trial*, InterVarsity Press, 1993의 내용에 한정된 것이다.

기서 '시계공'은 원래 18세기의 신학자 윌리엄 페일리(William Paley)의 유명한 논증에서 사용된 용어이다. 길을 걷다가 시계와 같이 복잡하고 정교한 물건을 발견하면 누구나 그것이 우연히 생겨난 것이 아니라 어떤 계획에 따라 만들어졌다는 것을 알 수 있다. 그와 마찬가지로 시계보다도 훨씬 더 복잡한 구조로 이루어진 생물은 어떠한 존재의 의지에 따라 생겨난 것이지 자연선택과 진화라는 우연에 의해서 탄생한 것이 아니라는 것이다. 도킨스는 이러한 논증을 반박하면서 시계공 앞에 '눈 먼'이라는 형용사를 덧붙여 생물도 특별한 의지나 계획 없이 자연법칙에 따라 만들어질 수 있다고 말한다.

현대적 의미에 있어서 창조론과 진화론을 구별하는 결정적인 기준은 인간을 비롯한 현재의 생물이 처음 생겨나서 지금의 모습을 갖게 되는 과정에 어떠한 의지가 작용한 것이라고 생각하는지, 혹은 아무런 계획도 없이 자연히 그렇게 된 것으로 보는지라고 할 수 있다. 물론 아직도 성경에 적힌 창조론을 글자 그대로 믿고 있는 사람들도 있겠지만 적어도 법적인 영역에서 논의가 전개될 때 의미 있는 주장이 되기 위해서는 종교적인 색채는 배제되는 것이다. 지적설계론을 내세우는 사람들이 자신들의 이론이 종교가 아닌 과학이라고 주장하는 것도 바로 그런 이유 때문이다.

창조론과 진화론을 구별하는 기준을 의지의 작용과 우연으로 상정한다면 진화론이 주장할 수 있는 변화의 계기 혹은 기본 단위는 개체의 우연한 돌연변이가 될 수밖에 없다. 같은 종의 생물 중 일부가 돌연변이에 의해서 극히 작은 변화를 일으키고 이런 변화가 오랜 세월에 걸쳐 축적되어 결국 진화가 이루어지는 것이다.

다윈 스스로도 인정했듯이 한순간에 전혀 다른 종으로 진화하는 도약진화론(saltationism)의 개념을 도입하는 것은 사실상 초자연적인 존재에 의한 창조를 인정하는 것과 다를 바 없다. 성경의 내용을 글자 그대로 해석해야 한다고 고집하지 않는다면, 창조론자들은 얼마든지 '도약진화에 의한 창조' 개념을 받아들일 수 있지만 진화론의 입장에서는 도약진화가 가능한 메커니즘을 먼저 해명하지 못하는 이상 '뱀의 알에서 쥐새끼가 태어나는' 종류의 변화를 진화라고 부를 수는 없기 때문이다. 다윈은 변화의 메커니즘을 위와 같이 규정함으로써 자신의 이론에서 초자연적인 요소를 완전히 제거할 수 있었지만 '계획되지 않은 지극히 작은 변화'에 의해서 종의 변화가 일어난다는 학설은 많은 도전을 받아왔다.

가장 기본적인 의문은 개체의 돌연변이로 인한 '지극히 작은 변화'가 생물을 구성하는 복잡한 분자를 만들어낼 수 있는 확률의 문제이다. 흔히 예로 언급되는 것은 헤모글로빈 분자이다. 헤모글로빈 분자는 4개의 아미노산 사슬이 엮여서 만들어지며, 각각의 사슬은 146개의 아미노산으로 이루어진다. 자연에서 찾아볼 수 있는 아미노산의 종류는 통상 20여 종으로 알려져 있다. 그렇다면 헤모글로빈 분자를 구성하는 하나의 아미노산 사슬이 제대로 완성될 확률은 20^{146} 분의 1이 되는 것이다. (아이작 아시모프는 이 숫자를 '헤모글로빈 수'로 불렀는데 191자리 숫자이다) 진화론에 의문을 제기하는 사람들은 이처럼 극단적으로 확률이 낮은 일은 '지극히 작은 변화'의 축적에 의해서 일어날 수 없다고 주장한다. 더욱이 개체의 변화가 반드시 유전을 통해서 축적되는 것이 아닐 뿐만 아니라(키 큰 사람의 아이가 반드시 키가 크다는 보장은 없다) 자연계에서 관찰되는 거의 모든 돌연변이가 생존에 불리한 방향으로 나타난다는 점을 고려하면 이러한 의문은 보다 커진다.

이에 대한 가장 간단한 대답은 진화에 주어진 시간의 길이가 우리의 상상을 초월한다는 것이다. 기껏해야 한 세기 정도를 살아가는 인간의 사고로는 수억 년 혹은 수십억 년에 걸쳐 이루어지는 변화를 이해하기 어렵지만 충분한 시간이 주어진다면 불가능해 보이는 변화도 이루어진다는 것이다. 흔히 사용되는 비유는 무한 마리의 원숭이가 무한 대의 타자기를 이용해서 무한대의 시간 동안 타자를 친다면 언젠가는 셰익스피어의 작품을 치게 된다는 것이다. 그러나 이러한 설명만 가지고는 부족하다. 최초로 생명체가 나타난 때로부터 현재까지의 시간의 경과는 무작위에 의한 변화만으로는 현재와 같은 생물체로 발전하기에 충분한 시간이라고 보기 어렵기 때문이다. 여기에서 도킨스는 누적적 선택(cumulative selection)이라는 개념을 도입하고, 이러한 선택에 의할 경우에는 훨씬 짧은 시간 안에 변화가 가능하다고 주장한다.

도킨스는 셰익스피어의 작품 중에서 햄릿의 대사 "Methinks it is like a weasel.(구름이 족제비 같아 보이는군)"을 조합하기 위한 컴퓨터 모델을 만들어서 이 원리를 설명한다. 공란을 포함해서 28자로 이루어진 이 문장을 조합하기 위해서 무작위로 자판을 28번씩 칠 경우에는 원래 27(알파벳 개수 + 스페이스 키)[28] 회 타자를 쳐야 하지만 누적적 선택 모델에 따를 경우에는 훨씬 쉽다는 것이다.

좀 더 자세히 보면 이렇다. 일단 무작위로 28번 자판을 친 다음 이것을 제1세대로 규정한다. 컴퓨터는 제1세대를 복제하여 그 '자손'을 만들어내는데 무작위로 아주 약간씩 변화를 준다. 돌연변이를 일으키는 것이다. 이렇게 만들어진 '자손'들 중에서 약간이지만 제1세대에 비해서 목표인 "Methinks it is like a weasel."에 가까운 것을 제2세대로 선택한다. 이런 식으로 변화하는 것이 '누적적 선택'이라는 것이다.

실제로 그가 작성한 컴퓨터 모델 중 하나는 다음과 같다.

WDLDMNLT DTJBKWIRZREZLMQCO P - 제1세대

WDLTMNLT DTJBSWIRZREZLMQCO P - 제2세대

MDLDMNLS ITJISWHRZREZ MWCS P - 제10세대

MELDINLS IT ISWPRKE Z WECSEL - 제20세대

METHINGS IT ISWLIKE B WECSEL - 제30세대

METHINKS IT IS LIKE I WEASEL - 제40세대

METHINKS IT IS LIKE A WEASEL - 제43세대

물론 최초에 무작위로 선택하는 28자가 어떤 것인가에 따라서 목적에 도달하는 세대 수가 달라지지만 대체로 40~60세대에서 원하는 결과를 이룰 수 있다고 한다. 이것은 누적적 선택이 아닌 일반적인 경우에 27^{28} 세대가 필요한 것에 비추어 보면 엄청난 기간 단축이다. 도킨스는 이 모델을 보다 정교하게 만들어 생물이 복잡한 형태를 갖추게 되는 데 그렇게 오랜 세대가 필요하지 않다는 것을 논증하려고 시도한다. 다음 그림 두 개는 도킨스가 컴퓨터 프로그래밍 모델을 차용해서 만든 배아기의 발달과정에 관한 기본 모델이다.[13]

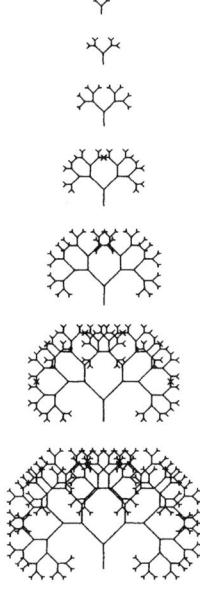

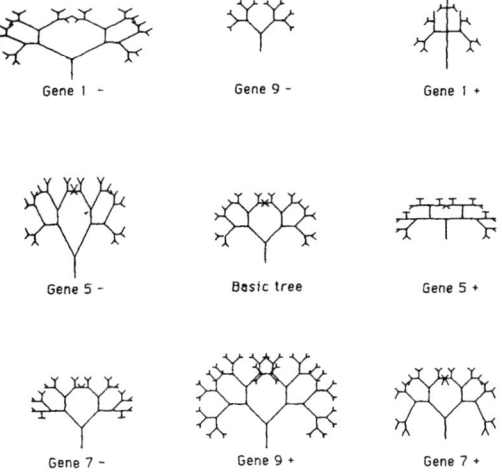

첫 번째 그림은 최초에 위쪽 끝이 둘로 갈라진 수직선에서 출발해서 규칙적으로 끝이 둘로 갈라지는 변화과정을 겪는 기본 모델이다. 두 번째 그림은 각기 다른 성질을 가진 9종류의 유전자가 기본 모델의 발전에 영향을 미치는 모습을 나타낸 것이다. 이러한 9종류의 유전자가 세대마다 영향을 끼치고 누적적 선택이 일어나면 최초의 수직선은 29세대 만에 다음과 같은 모양으로 '진화'한다.[14]

같은 방법으로 도킨스가 수십 세대 만에 만들어낸 모델은 다음 그

13 도킨스, 앞의 책, 52, 54쪽
14 도킨스, 앞의 책, 58쪽

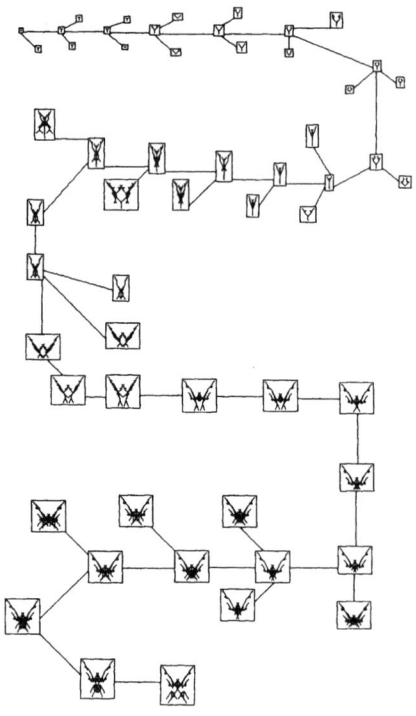

림과 같다.[15] 이러한 모델을 제시함으로써 도킨스는 '지극히 작은 유전적 변화의 축적과 보존'에 의해서 비교적 단기간에 다양한 종이 생겨날 수 있음을 입증하려고 시도한 것이다.

도킨스의 모델은 단순한 확률로 계산할 경우에 부딪히는 진화에

---

15 | 도킨스, 앞의 책, 61쪽.

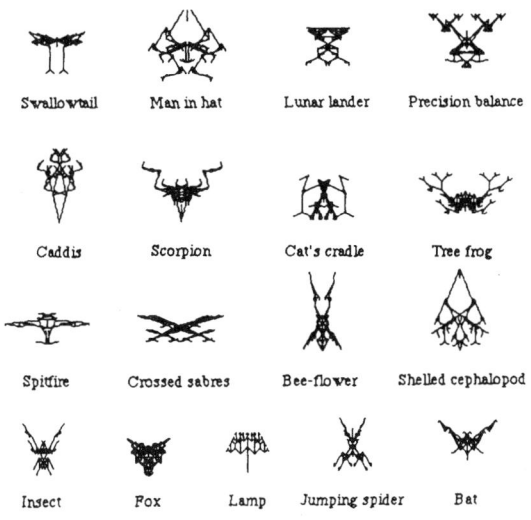

필요한 시간의 부족 문제를 해결해준다는 장점이 있지만, 그 자체로 문제점을 안고 있다는 비판을 받는다. 우선 햄릿의 대사 모델에서 명백히 드러나듯이 진화의 목표가 미리 설정되어 있는 것으로 본다는 점이다(위의 모델에서는 "Methinks it is like a weasel."이 진화의 목표라고 할 수 있다). 제1세대로부터 나온 제2세대 자손들은 각각 서로 다른 '지극히 작은 변화'의 요소를 가지고 있는데, 그 중에서 약간이라도 목표와 유사한 개체가 '선택' 되는 이유가 분명하지 않다는 것이다.

물론 도킨스는 진화의 목표가 미리 설정되어 있다거나 현재의 생물 형태가 진화의 최고점이라는 식의 관념을 부정한다. 그러나 진화의 목표를 설정하지 않고 위의 모델이 유효하려면 각각의 변화가 개체의 생존에 유리하게 작용한다는 가정이 필요하다. 그렇지 않으면 각 세대가 선택되는 이유를 설명할 수가 없다. 하지만 최종적인 모델이(잠정적으로 최종적인 모델을 현재의 생물의 형태로 가정한다면) 생존에 유리하다고 해서 그에 이르는 각각의 매우 세분화된 단계가 모두 그 전 단계에 비해서 생존에 유리하다는 생각에는 선뜻 동의하기 어렵다. 이러한 문제는 다음에 보는 것처럼 특히 생물체의 가장 중요한 특징 중 하나인 복잡한 기관이 생겨난 과정을 설명하는 데서 극명하게 드러난다.

지적설계론의 입장에서 진화론을 공격할 때 가장 주요한 논점으로 등장하는 것이 '복잡한 기관(complex organ)'의 문제이다. 생물체의 대부분의 기관은 정교하게 결합된 복잡한 부분으로 구성된다. 문제는 그런 기관이 어떻게 '생존에 유리한 지극히 작은 유전적 변화의 축적과 보존'에 의해 만들어질 수 있냐는 것이다.

가장 흔하게 드는 예는 눈이다. 인간의 눈은 각막, 수정체, 망막, 시신경 등이 모두 갖추어져 있을 때만 기능할 수 있고, 이와 함께 뇌가 눈에서 보내는 신호를 감지할 수 있을 때만 시각기관으로서의 의미가 있다. 어떤 생물에게 수정체나 망막이 없다면 그 중 한 개체가 돌연변이를 일으켜 각막을 갖게 되었다고 하더라도 그 개체의 생존능력에 아무런 도움이 되지 않는다. 지적설계론자들은 이러한 경우를 우연히 실리콘 칩을 만들어낸 중세의 연금술사에 비유한다. 컴퓨터 기술이 발달하지 않은 상황에서 실리콘 칩은 아무 소용이 없고 연금술사는 결국 이를 버리게 될 것이라는 것이다.

모든 기관이 단순히 하나의 세포로 이루어져 있다고 하더라도 그 진화를 설명하기가 쉽지 않은데 하물며 동시에 여러 부분이 같이 발전하면서 상호작용을 일으켜야 하는 경우를 '디자인'이 없이 설명하는 것은 간단한 문제가 아니다. 다윈도 이러한 문제점을 인식해서, "만일 지극히 작은 변화의 축적에 의해서 형성된 것으로 설명하기 어려운 어떠한 기관이라도 존재한다면 나의 이론은 완전히 무너지고 말 것이다."라고 말한 적이 있다. 또한 도킨스와 함께 현대 진화생물학계의 양대 산맥을 형성했던 스티븐 제이 굴드마저도 "대단히 훌륭한 질문이다. 도대체 5퍼센트의 눈이 무슨 소용이 있단 말인가?"라고 탄식했다. 즉, 눈과 같이 여러 부분이 동시에 상호작용을 해야만 그 기능을 다할 수 있는 복잡한 기관의 경우에 그 중간 단계의 기관을 갖추는 것은 처음 단계에 비해서 생존에 유리한 점이 없다는 것이다. 그렇다면 도킨스의 누적적 선택의 모델은 더 이상 유효하게 적용될 수 없다.

이러한 문제에 대해서 도킨스는 두 가지 방식으로 답변하고 있다. 우선 첫째는 5퍼센트의 눈이라도 어느 정도 시각기관으로서의 역할을 했을 것이라고 주장한다. 도킨스에 따르면 5퍼센트의 눈을 가지고 있던 고대의 동물은 그것을 다른 용도로 사용했을 가능성도 있지만, 그것보다는 오히려 일종의 시각기관으로 활용했을 가능성이 크다고 한다. 그는 단세포 생물 중 빛을 감지하는 부분을 갖고 있는 예를 들면서 최초에는 그러한 형태를 갖고 있던 시각기관이 점차 발전해서 현재의 눈과 같은 형태로 된 것이라고 주장한다.

도킨스의 견해에 의하면 5퍼센트의 눈은 5퍼센트의 시각을 의미하는 것이고 아무것도 볼 수 없는 생물에 비하면 5퍼센트의 시각을 갖춘 생물이 살아남을 확률이 훨씬 크기 때문에 결국 진화하는 종류로 선택된다는 것이다. 그러나 많은 주류 생물학자들이 이 문제를 설명하는 데 어려움을 겪고 지적설계론자들로부터 공격을 받는 것은 이 문제가 도킨스의 말대로 간단한 것이 아니기 때문이다.

현재의 생물에 비해 5퍼센트의 각막, 수정체, 망막, 시신경을 가진 생물이 약간이라도 시각기능을 갖는다고 말하려면 그 메커니즘을 설명할 수 있어야 한다. 하지만 어떤 방법으로 그것이 가능한지 진화론자들은 아직까지 그럴듯한 설명을 생각해내지 못했고 그런 이유 때문에 창조론자들의 공격을 받아온 것이다. 도킨스는 단세포 동물의 빛 감지 부분, 각막이 없는 고대 앵무조개의 눈, 각막을 갖춘 오징어의 눈을 나열하면서 시각기관의 발달모습인 것처럼 설명하지만 주류 생물학계의 설명에 의하더라도 이러한 기관들은 하나의 진화의 길에 놓인 각 단계의 모습이 아니라고 한다.

도킨스의 또 다른 해답은 보다 사변적이다. 그는 다음과 같은 5가지 질문을 던짐으로써 '눈의 문제'를 거의 순수한 논리의 문제로 해결하려는 시도를 한다.

1. 현재의 인간의 눈이 아무런 시각기관도 없는 상태로부터 한 번에 나타날 수 있는가?
2. 현재의 인간의 눈이 그것과 극히 사소한 차이밖에 없는 어떤 것(X)로부터 한 번에 변화할 수 있는가?
3. 현재의 인간의 눈과 아무런 시각기관도 없는 상태 사이에 수많은 X, X´, X˝ 등의 단계를 설정한다면 각각의 단계가 그 전 단계로부터 한 번에 변화할 수 있는 연속적인 상태를 만들 수 있는가?
4. 위와 같은 연속적인 상태를 가정할 때 각각의 단계는 그 전 단계로부터 우연한 돌연변이에 의하여 변화할 수 있다고 말할 수 있는가?
5. 위와 같은 연속적인 상태를 가정할 때 그 모든 단계는 그 개체의 생존에 도움이 된다고 말할 수 있는가?

도킨스는 1번 질문을 제외한 나머지 모두에 대해서 긍정적인 대답을 함으로써 눈과 같이 복잡한 기관의 생성도 누적적 선택에 의한 진화로 설명할 수 있다고 주장한다. 물론 그는 5번 질문에 대해서 부정의 대답을 하는 사람이 있다는 점을 인정하면서 그 예로 프란시스 히칭(Francis Hitching)을 들고 있다.

히칭은 『기린의 목 혹은 어디에서 다윈이 틀렸는지(The Neck of

the Giraffe or where Darwin went wrong)』라는 책에서 눈이 제대로 기능하기 위해서는 최소한 다음과 같은 완벽한 조화가 이루어져야 한다고 말한다. 우선 눈은 맑고 습기 찬 상태를 유지해야 하며 이를 위해서는 눈물샘이 있어야 하고 움직일 수 있는 눈꺼풀이 필요하다. 속눈썹은 햇빛을 막아주는 최소한의 차단 기능을 해야 한다. 빛은 각막이라고 불리는 작은 투명체를 통과해서 수정체를 지난 다음 망막에 초점이 맞아야 한다. 여기에서 1억 3천만 개 이상의 시신경이 빛을 전기적인 자극으로 변환시켜야 한다. 초당 10억 회 이상의 전기적 자극이 아직까지 밝혀지지 않은 방법에 의하여 뇌로 전달되어야 한다. 이 중에 하나라도 잘못된다면, 즉 각막이 흐리거나 눈동자가 팽창하지 못하거나 수정체가 불투명해지거나 혹은 초점을 맞출 수 없다면 지각할 수 있는 아무런 이미지를 형성하지 못할 것이다.

전체로서의 눈은 완전히 기능을 하거나 아니면 아무런 기능을 못하거나 두 가지 상태 중 하나가 될 수 있을 뿐이다. 그렇다면 어떻게 지극히 작은 변화에 의해서 눈이 진화할 수 있을까? 각각 수없이 많은 행운의 돌연변이가 우연히 동시에 일어나서, 하나만으로는 아무런 기능을 하지 못하는 수정체, 각막이 동시에 발달할 수 있다는 말인가?

도킨스는 히칭의 책이 출판될 수 있었다는 사실 자체가 놀랍다고 혹평하면서 각각의 단계에서 어떤 문제가 발생한다고 하더라도 난시나 색맹 혹은 시력이 약해지는 정도의 결과가 발생할 뿐이라고 주장한다. 그러나 도킨스 식의 논리는 한 가지 요소만을 강조함으로써 다른 요소의 영향을 무시하는 오류를 저지르는 것이라고 하지 않을 수 없고 심하게 말하면 거의 언어의 유희에 지나지 않는다는 비판도 가능하다.

한 단계와 그 전 단계를 개체의 변이에 의해서 변화할 수 있는 정도로 가깝다고 정의한 다음에 이 점만을 강조하고 전체적인 변화의 크기―시각기관이 전혀 없는 상태에서 인간의 눈을 가진 단계―는 무시하는 것이다. 즉 한 단계와 그 전 단계가 극히 사소한 차이밖에 없어서 직접적인 변화가 가능하다고 정의함으로써 눈과 같이 복잡한 기관이 형성되는 과정 전체를 사실상 건너뛰고 있다.

물론 난시나 색맹, 시력이 약한 눈은 생존능력의 관점에서 볼 때 정상인 눈과 큰 차이가 없으며, 시각기관이 전혀 없는 경우와는 비교할 수 없을 정도로 생존에 유리하다고 할 수 있다. 그러나 시각기관이 완전히 없는 것과 현생인류의 눈 사이에는 눈이 아무런 기능을 하지 못하는 상태와 무엇인가 보이는 상태의 경계선이 분명히 존재한다. 그리고 눈의 다양한 구성요소와 복잡한 상호관계를 고려할 때 그 경계선은 시각기관이 완전히 없는 상태보다는 현재의 눈 쪽에 훨씬 가깝다고 하지 않을 수 없다. 그런데 완전히 시각기관이 없는 상태에서부터 그 경계선까지 '진화' 하는 것은 개체의 생존능력에 아무런 이점을 주지 않는 것이다. 도킨스의 논리로는 이 단계에서 '진화' 가 일어나는 이유를 쉽게 설명하기 어렵다.

진화론과 창조론 사이의 논쟁에 중요하게 등장하는 또 하나의 소재는 화석이다. 흔히 멸종된 생물이 화석으로 남아 있는 것은 진화론을 뒷받침하는 강력한 증거로 여겨진다. 그러나 일반적인 인식과는 달리 화석의 문제는 다윈의 시대에나 현대에 있어서나 진화론이 부딪히는 가장 큰 벽 중 하나이다. 심지어 진화론의 가장 큰 적은 종교가 아니라 화석이라고까지 얘기하기도 한다.

진화론의 주장처럼 극히 미세한 변화가 축적되어 종 변화가 일어나게 된 것이라면 수많은 중간형태의 생물들이 화석의 형태로 남아 있어야 할 것이다. 화석뿐만 아니라 현재 존재하는 생물도 명확하게 분류할 수 있는 형태가 아니라 조금씩 다른 변화의 과정을 보여주어야 할 것이다. 그러나 현실은 그렇지 않다. 다윈 스스로도 말했듯이 "만일 하나의 종이 다른 종으로부터 미세한 변화를 거듭하여 진화한 것이라면 왜 중간형태의 생물이 무수히 존재하지 않는가? 왜 자연은 종간의 혼돈상태가 아니라 종으로 명확히 구분되는 형태로 존재하는가?"라고 의문이 생긴다.

다윈은 이러한 상황에 대해 선택받지 못한 종이 사멸했다는 설명을 했다. 자연선택에 의해서 생존에 적합한 종이 살아남는 것과 같은 원리로 생존에 부적합한 형태의 종은 없어졌고 따라서 현재와 같이 종별로 구분되는 생태계가 형성되었다는 것이다. 그렇지만 화석의 문제는 어떠한가? 종과 종 사이의 중간형태 생물이 화석으로 발견된다면 진화론의 강력한 근거가 될 수 있을 것이다. 그러나 그러한 화석은 극히 드물다. 다윈도 그러한 화석이 드물다는 사실을 인정하고 이로 인하여 저명한 고생물학자들이나 지질학자들이 종 변화를 인정하지 않으려 한다고 말한 적이 있다.

이에 대한 진화론자들의 설명은 화석의 기록이 극히 불완전하다는 것이다. 생물이 화석이 되는 경우는 매우 드물고, 그렇기 때문에 진화론을 뒷받침할 수 있는 화석이 실제로 발견된다고 하더라도 다른 생물과의 관계를 파악하기 어렵다고 한다. 실제로 현재 생존해 있는 92억 명의 사람들로부터―각각 206개의 뼈를 갖고 있는―생성되는 화석은 1천 7백여 개의 뼈에 불과할 것이라고 한다. 물론 이마저도 다 발견되는 것은 아니다. 이 1천 7백여 개의 뼈는 지구상 어딘가에 묻힐 것이고 실제로 화석으로 발견되는 것은 거의 기적에 가까운 것이다.

도킨스에 의하면 화석이 형성된다는 사실 자체가 행운이라고 한다. 따라서 중간단계의 생물이 화석으로 무수히 쏟아져 나오지 않는다고 해서 진화론을 공격하는 것은 부당한 것이고 오히려 현재의 이론에 모순이 되는 화석이 발견되지 않는 것이 진화론을 뒷받침하고 있다는 논리를 펴고 있다. 예를 들어 아직 포유류가 나타나지 못한 시대에서 인간의 화석이 발견된다거나 혹은 5억 년 전의 포유류 화석이 발견되었다면 현재의 진화론은 완전히 근거를 잃게 되었을 텐데 그런 화석은 현재까지 발견되지 않았다고 한다.

화석과 관련해서 다음으로 문제되는 것이 정체(stasis)의 문제이다. 중간단계의 생물의 화석이 발견되지 않거나 혹은 새로운 종의 화석이 갑자기 발견되는 현상은 화석기록이 불완전하다는 설명으로 어느 정도 해결할 수 있다. 문제는 상당 기간 동안 동일한 생물의 화석이 눈에 띄는 변화 없이 발견되는 정체상태의 설명이다.

미국 와이오밍 주의 빅혼 분지에서는 초기 포유류가 등장한 시기를 즈음하여 5백만 년 동안의 화석이 발견되었다. 진화론자들의 이론에 따르면 당연히 5백만 년 전의 화석과 450십 만 년 전의 화석은 차이가 있어야 한다. 그러나 막상 발굴 결과에 따르면 다른 종으로 이미 진화했다고 믿어졌던 종이 그 '후손' 종과 동시대의 암반에서 발견되기도 하고 특정한 종은 상당 기간 동안―1백만 년 이상―변화하지 않았다는 사실이 확인되기도 했다.

스티븐 스탠리(Steven Stanley)는 이 현상에 대해서 박쥐나 고래의 예를 들어 의문을 표시하고 있다. 즉 최초의 포유동물이 발견된 때로부터 박쥐나 고래가 발견된 때까지는 1천만 년 정도의 기간이 있다. 만일 하나의 종이 1백만 년 이상 변화하지 않고 정체한다면 결국 최초의 포유동물과 박쥐 또는 고래 사이에는 10개 정도의 종을 배치할 수 있을 뿐이다. 스탠리는 최초의 포유동물이 10번의 변화를 거치는 경우에 설치류의 일종까지 진화할 수 있을지는 모르지만 박쥐나 고래로까지 변화한다는 것은 터무니없다고 한다.

이러한 정체의 문제에 대해 도킨스는 화석의 기록이 시간이 지나면서 점진적인 변화의 형태를 보일 것이라고 예상하는 것 자체가 잘못되었다고 주장한다. 예를 들어 각각 2천만 년의 간격을 두고 동일한 진화선상에 있는 화석 A, B, C가 발견되었다고 가정할 때 A의 앞발 길이가 20인치이고 C의 앞발 길이가 40인치라고 해서 B의 앞발 길이가 30인치가 되어야 하는 것은 아니라는 것이다. 그 이유는 변화의 크기가 '지극히 작기' 때문이다. 도킨스는 두개골의 예를 들어 이것을 설명한다. 영장류의 두개골 크기는 매우 빠르게 진화한 사례의 하나인데, 오스트랄로피테쿠스의 두개골 크기는 5백 씨씨였고 현생 인류의 두개골 크기는 1천 4백 씨씨이다. 3백만 년 사이에 9백 씨씨가 증가한 것이다. 이것을 세대수로 나누어보면 1세대에 0.01씨씨씩 증가했다는 계산이 나온다. 그러나 도킨스에 따르면 노벨상 수상작가인 아나톨 프랑스의 두개골 크기는 1천 씨씨에 불과하고, 올리버 크롬웰의 두개골 크기는 2천 씨씨였다는 것이다. 즉 개체 사이의 차이에 비해서 변화의 크기가 훨씬 작기 때문에 각 세대별로 한 개체씩 연속된 화석기록이 발견된다고 하더라도 점진적인 변화의 모습을 기대할 수는 없다는 것이다.

여러 가지 난점이 있지만 현재 진화론이 인류의 기원에 관한 유일한 학설로 다루어지는 것은 분명한 현실이다. 지적설계론을 비롯한 창조론자들이 진화론에 대해서 때때로 날카로운 공격을 하기는 하지만 검증 가능한 독립된 모델을 제공하지는 못하고 있기 때문이다.

창조론자들은 진화론이 생명의 기원에 관한 설득력 있는 가설을 내놓지 못한다는 주장하지만, 창조론이 생명의 기원에 대해서 할 수 있는 말은 신이 세상을 창조했다는 것뿐이다. 도킨스의 말을 빌리자면 만일 세상을 만든 설계자(designer)가 있었다면 누가 그 설계자를 만들었는가라는 질문에 창조론자들은 "원래부터 신은 있었다."라는 말 이외에는 할 수 없다. 이것은 어떠한 기준에 의하더라도 과학이론이라고 말하기 어렵다.

진화론은 분명히 완벽한 이론은 아니고 인류의 기원은 아직까지도 수수께끼로 남아 있다. 일부 창조론자들은 진화론이 설명하지 못하는 부분에 의문을 제기하면서 창조론을 교과과정에 도입해야 한다고 주장한다. 그러나 지적설계론을 비롯한 창조론의 학설이 그 자체로 과학이론으로서의 정당성을 인정받지 못하는 이상 법적인 장에서도 승리하기 어렵다. 결국 법은 학문의 자유를 보장할 수 있을 뿐 무엇이 학문인지 결정하는 것은 순전히 학문 스스로의 몫이기 때문이다. 수많은 재판과 문제제기를 통해서 아직도 창조론자들이 원하는 바를 이루지 못한 이유가 바로 여기에 있다.

흠흠신서(欽欽新書)와
범죄형 인간

. . .

20세기의 전반기에는 수사관들이 피의자가 자백할 때까지 신문을 했다. 1960년대, 1970년대에는 범행동기와 수단, 접근 가능성을 참고해서 용의자를 색출했다. 1980년대에는 심리학적 프로파일링과 정보원이 범죄수사의 주요 수단이었고, 1990년대 그리고 21세기에 접어들면서 범죄현장 재현, 물증, 데이터베이스, 컴퓨터 화상기술, 새로운 감식기법 그리고 인공지능에 주안점이 두어졌다. 그러나 최근의 수사가 DNA 감식 등 과학의 도움을 받는다고 해도 인간이 하는 일이라는 점에서 오류가 있을 수 있다. 인간은 데이터를 해석하고 정의할 뿐만 아니라 때때로 왜곡까지 하는 것이다.

―『Famous Crimes Revisited』, 헨리 리, 제리 라브리올라

흔히 편파적이고 잘못된 재판을 빗대어 '원님 재판'이라는 말을 한다. 죄인으로 지목되어 끌려온 사람을 곤장대에 매달고 매를 치면서 "네 죄를 알렸다"라고 호통을 치는 고을 수령의 모습은 증거에 의한 객관적인 재판과 정반대의 이미지로 받아들여진다. 영화나 TV에서 흔히 보는 이런 장면은 과거 우리 전통사회에서 있었던 수사나 재판

이 그야말로 주먹구구식이었고 서양에서 들어온 근대사법만이 올바른 것이라는 인식을 심어주기 쉽다. 그러나 우리의 사법이 그렇게 낮은 수준이었거나 법률가들이 편파적이었다고 생각한다면, 그것은 오해다.

다산 정약용 선생이 쓴 책 중 『흠흠신서』라는 책이 있다. 주로 살인사건을 중심으로 관련 법령과 사례, 적정한 형벌을 정하는 것까지 포괄적인 내용을 담은 책이다. 모두 30권에 이르는 방대한 저작인데 요즘으로 치면 형법과 형사소송법, 그리고 법의학 등을 모두 포함하는 책이라고 할 수 있다.

다산은 황해도 곡산부사로 있으면서 직접 재판을 했고 형조참의로서 형사사건을 담당했는데 그때의 경험이 이 책을 쓰게 한 것이다. 책의 서문에서 다산은 귀양을 가서도 형사사건에 대해 논의하고 죄를 판단했다고 하고 있다. 이 문제에 관한 그의 관심이 얼마나 깊었는지 알 수 있다. 『흠흠신서』가 특히 의미 있는 것은 당시의 풍조에 따라 경전을 해석하거나 대명률 등 중국의 법제를 소개하는 데 그치지 않고 다산 선생이 직접 겪은 사례를 자세히 설명했다는 것이다. 예를 하나 들어보겠다.

정조 23년인 1799년 형조참의에 임명된 다산은 왕명에 따라 전국의 형사사건을 재검토한다. 검토대상에는 이미 판결이 확정된 사건도 포함되었는데, 살인죄로 감옥에 갇혀 있던 함봉련이라는 사람의 억울함을 풀어준 것도 그 중 하나이다. 이 사건은 이미 10년 이상 지난 사건이기 때문에 당시 형조에 속해 있던 관리들은 자세히 다시 검토할 필요가 없다고 주장하였으나 다산의 생각은 달랐다. 사건 내용은 이렇다.

환곡을 담당하던 나졸 한 사람이 환곡 대신 송아지를 끌고 오다가 송아지 주인인 김태명이라는 사람과 다투게 된다. 김태명은 나졸을 넘어뜨린 다음 배를 짚고 앉아 무릎으로 가슴을 여러 번 짓찧고 송아지를 다시 빼앗는다. 마침 그때 김태명의 머슴인 함봉련이 땔감을 지고 그곳을 지나가게 되었는데, 김태명은 나졸을 가리키면서 "저자가 우리 송아지를 훔친 자이니 혼내줘라"라고 지시했고, 함봉련은 땔감을 진 채 나졸의 등을 떼밀었다. 함봉련에게 밀려서 밭 사이에 넘어진 나졸은 바로 일어나서 집으로 갔는데 피를 토하면서 자신의 아내에게 "나를 죽인 자는 김태명이다"라는 말을 남긴 채 숨을 거두었다. 나졸의 아내는 관청에 고발을 했고 시체 검안 결과 나졸의 가슴에서 큰 상처가 발견되었다. 형조에서는 나졸을 떠민 함봉련을 주범으로 간주하고, 김태명을 증인으로 하여 함봉련에게 사형을 선고했다.

다산은 이 사건을 놓고 "형사사건을 판결함에는 세 가지 근거가 있어야 한다. 첫째는 유족의 진술, 둘째는 시체검안 결과, 셋째 관련자의 증언이다. 그런데 이 사건에서는 유족이 김태명이 범인이라고 진술하고 시체검안 결과도 김태명이 폭행한 부분에서만 상처가 나타났다. 그럼에도 불구하고 주범이라고 할 수 있는 김태명의 증언만을 근거로 단순히 등을 떼민 함봉련을 살인범이라고 한 것은 잘못이다"라고 판단하고 임금의 결재를 받아 함봉련을 풀어준다.

이 사례를 보면 우리의 사법에서도 증거에 의한 판단이 이루어지고 시체를 검안하는 등 과학적인 수사기법이 동원된 것을 확인할 수 있다. 『흠흠신서』에 기록된 내용 중에는 과거에 있었던 사건들을 분석해서 고의와 과실을 구분하고 주범과 종범의 책임을 차별하는 등 현재의 형사법 이론에서 다루는 문제들을 중요하게 다룬 부분도 있다. '원님 재판'은 생각처럼 허술하게 이루어졌던 것이 아니다.

이에 비해 한때 서양에서 과학적인 것으로 각광을 받았던 이론이 합리적인 근거가 없는 것으로 밝혀진 일도 많다. 대표적인 것이 '범죄형 인간'에 관한 이론이다. 흔히 험상궂은 사람을 보면 농담조로 '범죄형'이라는 말을 한다. 외모에서부터 범죄를 저지를 가능성이 높아 보인다는 뜻이다. 그런데 과연 외모를 보고 그런 것을 판단할 수 있을까. 외모는 자라면서 변하기도 하지만 대부분 타고난다고 볼 수 있는데, 그렇다면 어떤 사람들은 원래부터 범죄를 저지를 가능성이 다른 사람보다 더 높은 것일까. 만일 그것이 사실이라면 어떻게 해야 할까. 범죄형 인간들을 찾아서 그들이 다른 사람에게 피해를 주지 못하도록 주의 깊게 지켜보고 더 나아가 범죄형 인간들이 많이 태어나지 않도록 조치를 취해야 하는 걸까.

그런 주장을 실제로 했던 학자가 있다. 19세기 말부터 20세기 초에 활약한 이탈리아 출신의 유명한 범죄학자 롬브로소가 바로 그 사람으로 범죄학에서 실증주의 학파의 창시자이다. 그는 자유의지를 가진 인간이 선택에 의해서 범죄를 저지른다는 고전주의적 전제를 배격하고 범죄를 저지르는 것은 유전적 결함 때문이라고 주장했다. 범죄적 소질은 타고 나는 것이고 외모를 면밀히 관찰하면 범죄형 인간인지 아닌지 판별할 수 있다는 것이 그의 주장의 핵심이다.

롬브로소는 소위 인상학을 강조했는데 인상학이란 얼굴이나 몸매 등 외모에 따라 한 사람의 성격이나 특징을 알아낼 수 있다는 학설을 말한다. 그에 따르면 대부분의 사람들은 진화하는데 비해서 범죄형 인간은 퇴화한 인간이라고 한다. 그리고 퇴화의 흔적은 외모에 나타난다는 것이다.

그가 범죄형 인간의 특징이라고 한 것들을 지금 보면 다소 황당한 내용이 많은데, 예를 들어 넓고 두드러져 보이는 턱, 낮게 경사진 이마, 높은 광대뼈, 납작하거나 위로 휘어진 코, 매부리 코, 대머리, 두꺼운 입술, 긴 팔 등이다. 재미있는 것은 롬브로소 자신도 범죄자의 특징인 넓고 두드러져 보이는 턱을 갖고 있었는데, 그는 이것을 감추기 위해서 턱수염을 길렀다고 알려져 있다.

그가 명성을 얻게 된 것은 범죄학에 소위 '과학적' 방법을 도입했기 때문이다. 그는 인류학적, 사회적, 경제적 데이터에서 산출했다는 계량적이고 통계적인 방법으로 범죄형 인간을 찾아낼 수 있다고

⚖

롬브로소가 범죄형 인간의 특징이라고 한 것들을 지금 보면 다소 황당한 내용이 많은데, 예를 들어 넓고 두드러져 보이는 턱, 낮게 경사진 이마, 높은 광대뼈, 납작하거나 위로 휘어진 코, 매부리 코, 대머리, 두꺼운 입술, 긴 팔 등이다. 재미있는 것은 롬브로소 자신도 범죄자의 특징인 넓고 두드러져 보이는 턱을 갖고 있었는데 그는 이것을 감추기 위해서 턱수염을 길렀다고 알려져 있다.

주장했는데, 종종 두개골 측정기나 캘리퍼스를 이용해서 범죄자들의 신체지수를 재곤 했다. 측정기구를 들고 인체를 살피는 그의 모습은 당대의 사람들에게 깊은 인상을 주었고 그는 형사사법에 '과학적 방법론'을 도입한 사람으로 유명해졌다.

그러나 그가 말한 '과학적 방법'은 현재의 시각에서 보면 어떤 의미에서도 과학이라고 할 수 없다. 그가 신봉한 골상학도 학문으로 인정받지 못하고 있다. 더욱이 롬브로소는 태어날 때부터 인간의 성격이 정해진다고 하면서 흑인이 가장 덜 진화한 인종이고, 황인종은 그보다 조금 더 진화했으며, 백인종이 가장 우수하다고 주장했는데, 이는 명백한 인종차별일 뿐만 아니라 나치사상의 한 바탕이 되는 우생학의 근거를 제공하기까지 했다.

범죄자는 타고난다거나 외모에서 표시가 난다는 주장은 상식에도 맞지 않고 어떻게 생각하면 웃어넘길 만한 주장이지만, 의외로 많은 사람들은 무의식중에 그런 생각을 가지고 있다. 인종이나 피부색에 따라, 혹은 출신국가나 종교에 따라 다른 사람의 성격을 알 수 있다는 편견은 사람들의 머릿속에 뿌리 깊게 자리 잡고 있다. 아직도 우리 사회에서 완전히 없어지지 않고 갈등의 원인으로 작용하는 지역감정도 바로 그런 편견 중 하나다. 롬브로소의 이론은 바로 이러한 편견에 힘입어 한때나마 널리 인정받게 된 것이다.

날 때부터 범죄자로 태어나는 사람은 없다. 인종이나 피부색이나 출신지역에 따라 사람의 성격이나 특징이 달라지지도 않고 우수함이나 열등함이 결정되는 것은 더더욱 아니다. 사람을 대할 때 선입견을 가지거나 범죄혐의를 판단할 때 편견을 가져서는 안 된다는 것은 지난 세기에 이미 폐기된 롬브로소의 범죄학에서 우리가 얻을 수 있는 교훈이다. 사건을 파악할 때도 당연히 증거에 의해서 객관적으로 판단해야 한다. 형사사법을 대하는 기본적인 태도라고 할 수 있는 이런 원칙은 다산 선생의 저서 제목에서 찾아볼 수 있다.

『흠흠신서』의 '흠흠(欽欽)'이란, 삼가고 또 삼간다는 뜻이다. 일체의 편견을 버리고 공정하게 양쪽의 주장에 귀를 기울이라는 것, 그리고 몇 번이고 돌이켜 생각해서 진실에 보다 가까이 가려고 끊임없이 노력하라는 것, 그것이야말로 다산 선생이 가장 중요하다고 생각한 사법의 원리다.

에필로그

"논리적인 사람은, 바다를 보거나 폭포 소리를 듣지 않고도 한 방울의 물에서 대서양이나 나이아가라 폭포의 가능성을 추리해낼 수 있다. 그래서 인생 전체는 하나의 거대한 사슬이 되고, 우리는 그 사슬의 일부를 보고 전체를 알 수 있는 것이다."

셜록 홈즈의 말이다.

이 책에서 나는 법이라는 거대한 사슬의 일부를 독자들에게 보여주려는 시도를 했다. 그 일부의 사슬을 보고 법의 모습이 어떤지 상상하는 것은 전적으로 독자의 몫이다. 자칫 장님 코끼리 만지기식의 접근이 될줄을 알면서도 이런 글을 쓰게 된 것은 책의 앞머리에서도 밝혔듯이 무엇보다도 흥미진진할 수 있는 법이 우리 사회에서는 너무나 낯설고 먼 것으로만 여겨지는 현실이 안타까웠기 때문이다.

법은 때때로 비정해보이고 이해하기 어려울 때도 많다. 지배층의 이익을 위해서만 존재하거나 지극히 불공정한 것으로 보이기도 한다. 그러나 좀 더 깊이 살펴보면 그 밑바탕에는 한 번쯤은 깊이 생각해볼 만한 정교한 논리가 깔려 있는 때가 많다. 설혹 지금 당장의 결론이 모든 사람을 만족시키기는 어려울지라도 다른 모든 것과 마찬가지로 법은 시대에 따라 변화해왔고 대부분의 경우 그 변화는 보다 나아지는 쪽으로 이루어져왔다.

한 사람의 법률가로서 나는 이 책을 통해 좀 더 많은 사람이 법에 대해 관심을 갖기를 바란다. 결국 법이란 보다 인간다운 사회를 만들기 위한 하나의 도구에 불과하고, 그 도구를 잘 사용하는 것은 그에 대해 얼마나 많은 지식과 애정을 갖는지에 달려 있기 때문이다. 그러한 의미에서 이 책은 법이 지금까지 쌓아올린 논리에 대한 하나의 변론이라고도 할 수 있다.

법은 나에게 항상 이해할 수는 없지만 언제나 아름다운 여인처럼 구애와 도전의 대상이었다. 온갖 암시와 신호로 가득 찬 법의 미로 속에서 진실의 단서를 찾아 헤매는 과정은 결코 나를 지치게 하지 않는 진지하고도 스릴 넘치는 모험과도 같았다. 짧고 보잘것없는 글을 통해서 그 즐거움을 함께 나눌 동행을 찾을 수 있다면 나로서는 더 이상 바랄 것이 없다.

디케의
눈

1판 1쇄 펴냄 2008년 4월 5일
1판 20쇄 펴냄 2023년 5월 25일

지은이 금태섭

주간 김현숙 | **편집** 김주희, 이나연
디자인 이현정, 전미혜
영업·제작 백국현 | **관리** 오유나

펴낸곳 궁리출판 | **펴낸이** 이갑수

등록 1999년 3월 29일 제300-2004-162호
주소 10881 경기도 파주시 회동길 325-12
전화 031-955-9818 | **팩스** 031-955-9848
홈페이지 www.kungree.com
전자우편 kungree@kungree.com
페이스북 /kungreepress | **트위터** @kungreepress
인스타그램 /kungree_press

ⓒ 금태섭, 2008.

ISBN 978-89-5820-124-3 03360

책값은 뒤표지에 있습니다.
파본은 구입하신 서점에서 바꾸어 드립니다.